ゲーム作りで学ぶ Python

日向俊二●著

作って動かして
遊びながら学ぶ
プログラミング

■サンプルファイルのダウンロードについて

　本書掲載のサンプルファイルは、一部を除いてインターネット上のダウンロードサービスからダウンロードすることができます。詳しい手順については、本書の巻末にある袋とじの内容をご覧ください。

　なお、ダウンロードサービスのご利用にはユーザー登録と袋とじ内に記されている番号が必要です。そのため、本書を中古書店から購入されたり、他者から貸与、譲渡された場合にはサービスをご利用いただけないことがあります。あらかじめご承知おきください。

・本書の内容についてのご意見、ご質問は、お名前、ご連絡先を明記のうえ、小社出版部宛文書（郵送または E-mail）でお送りください。
・電話によるお問い合わせはお受けできません。
・本書の解説範囲を越える内容のご質問や、本書の内容と無関係なご質問にはお答えできません。
・匿名のフリーメールアドレスからのお問い合わせには返信しかねます。

本書で取り上げられているシステム名／製品名は、一般に開発各社の登録商標／商品名です。本書では、™ および ® マークは明記していません。本書に掲載されている団体／商品に対して、その商標権を侵害する意図は一切ありません。本書で紹介している URL や各サイトの内容は変更される場合があります。

はじめに

　本書はゲームを作りながら楽しく Python をマスターすることを目的とした本です。

　Python は、わかりやすく習得の容易なプログラミング言語です。Python はインタープリタで動作できるので、プログラムコードを実行した結果をすぐに見ることができます。また、Windows、Linux、iOS、macOS などさまざまな環境でほとんど同じように実行することができます。そのため、これからプログラミング（プログラム作成）を学ぼうという初心者にはうってつけの学習環境といえます。

　一方で、Python そのものは、オブジェクト指向プログラミングという高度な概念が取り入れられた言語です。そのため、高度なプログラムを開発することも可能です。しかし、Python を使ってプログラムを作り始めるために難しい概念の高度な理解は必要なく、ただ単に「もの」（オブジェクト）を操作したり利用するという簡単なとらえ方で済みます。このことを利用して、グラフィックスを活用した見栄えの良いゲームも容易に作ることができます。

　本書は、プログラミングを行ったことがない読者でも、Python のプログラミングに馴染み、Python で自分でプログラムを作成できるようになるように配慮してあります。具体的には、PC の基本的な操作方法、ワープロや表計算ソフトのような一般的なアプリの操作方法、ファイル名やフォルダ（ディレクトリ）の扱い方などについて知っていれば、本書でゲームプログラミングを学び始めることができます。また、本書ではゲームを作りながらプログラミングの大切な要素を学んでいくことができるので、プログラミングの基礎や重要な概念を自然に身につけることができ、それらを応用してより高度なプログラムを作ることができるようになります。

　本書でプログラミングの楽しさを実感してください。

■本書の表記

abc 　斜体で表記された文字は、そこに具体的な文字や数値が入ることを表します。たとえば「Python 3.*X*」は、Xに数値が入り、「Python 3.6」や「Python 3.7」となることを表します。

[...] 　書式の説明において [と] で囲んだものは省略可能であることを示します。

\> 　OSのコマンドプロンプトを表します。LinuxなどUNIX系OSの場合は一般的にはOSのプロンプトは $ ですが、本書では > は OS のコマンドプロンプトを表しますので > を $ に置き換えてください。

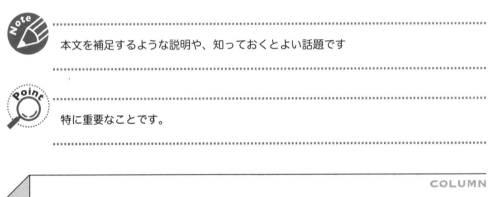

■注意事項

- 本書の内容は本書執筆時の状態で記述しています。執筆時のPythonの最新のバージョンは3.7です。将来、Pythonのバージョンが変わるなど、何らかの理由で記述と実際とが異なる結果となる可能性があります。
- 本書はPythonのすべてのことについて完全に解説するものではありません。必要に応じてPythonのドキュメントなどを参照してください。
- 本書のサンプルは、プログラミングを理解するために掲載するものです。実用的なアプリとして提供するものではありませんので、ユーザーのエラーへの対処やその他の面で省略してあるところがあります。
- ビープ音やサウンドの鳴るプログラムを実行する前に、必ずシステムの再生音量を小さく設定してください。

■動作を確認した Python のバージョン

3.2.1

3.6.5

3.7.0

■本書に関する問い合わせについて

本書に関する問い合わせは、下記の事項を明記のうえ、sales@cutt.co.jp にメールでご連絡ください。

なお、問い合わせ内容は本書に記述されている範囲に限らせていただきます。特定の環境や特定の目的に対する問い合わせなどには応じられません。あらかじめご了承ください。

- 氏名
- 連絡先メールアドレス
- 書名
- 記載ページ
- 問い合わせ内容
- 実行環境

目次

はじめに iii

第1章　基本のキ …… 1

1.1　Python の使い方 2
- Python の起動　3
- Python のインタープリタ　5

1.2　計算してみよう 6
- 単純な加算　6
- やや複雑な式　7

1.3　文字列の表示 8
- Hello, Python!　8
- 関数を使わない方法　9

1.4　スクリプトファイル 10
- ファイルの作成　10
- ファイルの保存　11
- スクリプトの実行　12

1.5　入力 14
- Hello, Yourname　14
- スクリプトファイル　15
- 数値の入力　16

1.6　日本語の取扱い 17
- 日本語で「こんにちは」　17
- エンコーディングの指定　18

練習問題 19

第2章　じゃんけんゲーム …… 21

2.1　ゲームの概要 22
- じゃんけんゲーム　22

2.2　ゲームの作り方 22
- 入力と表示　22

	■ 乱数	23
	■ 比較	25
	■ 判定	27
	■ プログラムファイル	30

2.3 ゲームの改良 32
■ 状態の表現の一貫性 32
■ 繰り返し 34
■ エラー処理 36

2.4 サイコロ 39
■ さいころプログラム 39
■ 数の生成 40

練習問題 44

第3章　キータイプゲーム……45

3.1 ゲームの概要 46
■ キータイプゲーム 46

3.2 キーコードの生成 46
■ 文字コード 46
■ 文字コードの生成 48

3.3 ゲームの改良 50
■ レベル 50
■ かかった時間の測定 56

練習問題 59

第4章　音当てゲーム……61

4.1 システムのサウンド 62
■ Beep 62
■ システムのサウンド 63
■ 環境による切り替え 64
■ 音高と周波数 66

4.2 音当てゲーム 67
■ ゲームの概要 67
■ 音階の定義 68
■ スリープ 69
■ 出題と答え合わせ 70

vii

4.3　ゲームの改良 73

■ 音程の英語表記 73

■ 再出題 75

練習問題 78

第5章　GUIプログラミング……79

5.1　GUIプログラミング 80

■ GUIアプリの構造 80

■ ウィンドウの作成 82

5.2　ダイアログベースのアプリ 86

■ BMIアプリ 86

■ BMIアプリのコード 87

5.3　4択クイズ 92

■ 作成するアプリ 92

■ プログラムコード 93

■ プログラムの改良 97

練習問題 103

第6章　pygame……105

6.1　ゲームのためのモジュール 106

■ pygame 106

■ pygameのサブモジュール 107

■ ウィンドウの作成 108

6.2　動き回る円 115

■ surfaceの座標系 115

■ 作成するプログラム 116

6.3　runner 121

■ ゲームの概要 121

■ 線を描くプログラム 123

■ runnerプログラム 127

練習問題 130

第 7 章　ゲームサウンド……131

7.1　pygame のサウンド 132
- Sound 132
- pygame.mixer.music 135

7.2　サウンド付きの runner 139
- サウンドを鳴らす場面 139
- ゲーム中の BGM 140
- ゲームオーバーのサウンド 141
- プログラムリスト 142

練習問題 144

第 8 章　図形……145

8.1　図形の描画 146
- 楕円の描画 146
- 円弧の描画 147
- 線の描画 148
- 多角形の描画 149
- 文字列の表示 149

8.2　ボールゲーム 154
- ゲームの概要 154
- 変数の宣言 156
- 表示の更新 156
- ゲームエンドのチェック 157
- ボール衝突の判定 158
- キーイベントの処理 159
- プログラムコード 160

練習問題 163

第 9 章　イメージ……165

9.1　イメージの表示 166
- 単純なイメージの表示 166
- 複数のイメージの表示 168

9.2　スロットマシン 171
- プログラムの概要 171

■データとイメージ..173
　練習問題...179

第10章　思考ゲーム……181

10.1　マウス..182
　　　■マウスクリック...182
10.2　マルバツゲーム..184
　　　■プログラムの概要...184
　　　■盤と○×..185
　　　■変数...186
　　　■ゲーム開始..187
　　　■思考コード..188
　　　■マウスクリック...193
　練習問題...202

付　録……203

付録A　Pythonの使い方..204
　　　■A.1　Pythonのバージョン...204
　　　■A.2　インストール..204
　　　■A.3　環境設定..207
付録B　トラブルシューティング...209
　　　■B.1　Pythonの起動..209
　　　■B.2　Python実行時のトラブル...211
付録C　練習問題解答例...215
付録D　参考リソース..230

索　引...231

第 1 章

基本のキ

最初に簡単なプログラムを動かしてみて、Python のプログラムの最も基本的なことを学びます。
この章では、Python のインタープリタを使って単純な計算をしたり出力をする方法と、Python のプログラムファイル（スクリプトファイル）を実行する方法を通して、Python の基本的な操作方法と簡単なプログラムの作り方や実行のしかたを説明します。

1.1 Pythonの使い方

　最初に、Pythonを使い始めるために必要なことを説明します。すでにPythonの基礎を習得している場合は、この章の説明内容は飛ばしてこの章の最後の練習問題に進んでもかまいません。
　Pythonのインストールと環境設定については付録A「Pythonの使い方」を参照してください。

　Pythonはプログラミング言語です。Pythonというプログラミング言語で作成されたプログラムは、Pythonという名前のPythonのインタープリタが実行されている環境で実行されます。
　Pythonという名前のプログラム自体はOS（Windows、Linux、macOSなど）上で実行されています。

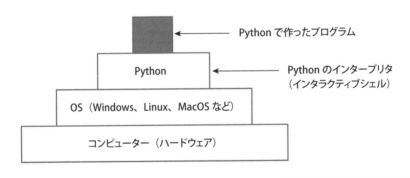

図2.1●PythonのプログラムとPython、そしてOS

　Pythonで作成したプログラムは、Pythonという名前のインタープリタを実行してそこで実行するか、インタープリタに読み込ませて実行します（1.4節「スクリプトファイル」で説明します）。
　少し混乱しそうですが、このあとの説明に従って実際にいろいろやってみるとよくわかるでしょう。

Pythonの起動

Windowsの場合、アプリのリストまたはスタートメニューから、「Python *X.Y*」-「Python *X.Y*」を選択してクリックします（*X.Y*はPythonのバージョンを表します）。

図2.2●Windows 10のスタートメニュー

Pythonのバージョンによっては、「Python *X.Y*」-「Python (command line)」を選択してクリックします（*X.Y*はPythonのバージョンを表します）。

図2.3●Windowsのスタートメニュー

Windowsでは、コマンドプロンプトウィンドウやWindows PowerShellのプロンプトから「python」と入力してPythonのインタープリタを起動することもできます。

LinuxやmacOSなどの場合、端末（コンソール、ターミナルともいう）から「python」と入力します。

システムによっては、「python」の代わりに「python3」や「python3.7」などバージョンを含めた名前を入力します。また、「bpython」、「bpython3」などでPythonを起動できる場合もあります。さらに、スタートメニューから「IDLE (Python xx)」を選択してPythonを使うことやコンソールからidleと入力してPythonを使うことができる場合もあります（インストールする環境とPythonのバージョンによって異なります）。

　Pythonが起動すると、Pythonのメッセージと一次プロンプトと呼ばれる「>>>」が表示されます。これがPythonのインタープリタのプロンプトです。

```
Python 3.7.0 (v3.7.0:eb96c37699, May  2 2018, 19:02:22) [MSC v.1913 64 bit (AMD64)] on win32
Type "help", "copyright", "credits" or "license" for more information.
>>>
```

　これはWindowsでPython 3.7.0の場合の例です。バージョン番号やそのあとの情報（Pythonをコンパイルしたコンパイラやプラットフォームの名前など）は、この例と違っていてもかまいません。
　たとえば、Linuxなら、次のように表示されることがあります。

```
[saltydog@localhost ~]$ python3.6
Python 3.6.5 (default, Apr 10 2018, 17:08:37)
[GCC 4.8.5 20150623 (Red Hat 4.8.5-16)] on linux
Type "help", "copyright", "credits" or "license" for more information.
>>>
```

　いずれにしても、「Type "help", "copyright", "credits" or "license" for more information.」を含むPythonのメッセージとPythonのインタープリタのプロンプト「>>>」が表示されれば、Pythonのインタープリタが起動したことがわかります。

何かうまくいかない場合は、付録A「Pythonの使い方」や付録B「トラブルシューティング」を参照してください。なお、本書ではPython 3.0以降のバージョンを使うことを前提としています。

Pythonのインタープリタ

　プロンプト「>>>」が表示されている環境を、Pythonのインタープリタ、またはインタラクティブシェルといいます。インタープリタは「解釈して実行するもの」という意味、インタラクティブシェルは「対話型でユーザーからの操作を受け付けて結果や情報を表示するもの」という意味があります。

　Pythonのインタープリタは、Pythonの命令や式などを読み込んで、その結果を必要に応じて出力します。

Pythonのインタープリタのプロンプト「>>>」は、ユーザー（Pythonのユーザーはプログラムを実行する人）からの命令や計算式の入力を受け付けることを表しています。このプロンプトに対して命令や計算式などを入力することで、あとで説明するようなさまざまなことを行うことができます。

Pythonを使っているときには、OS（コマンドウィンドウ、ターミナルウィンドウなど）のプロンプトである「>」や「#」、「$」などと、Pythonのインタープリタを起動すると表示されるインタープリタのプロンプト「>>>」を使います。この2種類のプロンプトは役割が異なるので区別してください。

第1章　基本のキ

1.2 計算してみよう

最初に Python で計算をしてみましょう。

単純な加算

Python のプロンプトに対して「2+3」と入力（最後に Enter キーを押す）してみます。

```
>>> 2+3
5
>>>
```

上に示したように、2 + 3 の結果である 5 が表示されたあとで、新しいプロンプトが表示されるはずです。

引き算や掛け算、割り算を行うこともできます。引き算の記号は「−」（マイナス）ですが、掛け算の記号は数学と違って「*」（アスタリスク）、割り算の記号は「/」（スラッシュ）です。

たとえば、12 − 5 を実行すると次のようになります。

```
>>> 12-5
7
```

また、たとえば、6 × 7 を実行すると次のようになります。

```
>>> 6*7
42
```

さらに、たとえば、8 を 2 で割ると次のようになります。

```
>>> 8/2
4.0
```

3.0 より前のバージョンの Python では、8/2 の結果は小数点の付かない 4 になります。3.0 より前のバージョンの Python では、整数だけの割り算では、結果の小数点以下は切り捨てられて整数になります。たとえば、3/2 の結果は 1 になります。本書は 3.0 以降の Python を使う前提で説明しています。

やや複雑な式

もっと複雑な式も、もちろん計算できます。次の例は、123.45 × (2 + 7.5) − 12.5 ÷ 3 の計算例です。

```
>>> 123.45*(2+7.5)-12.5/3
1168.6083333333333
```

Python を終了するときには、プロンプトに対して quit() を入力します。

```
>>> quit()
```

quit() を入力しても終了できないときには、Windows では Ctrl キーを押しながら Z キーを押してみてください。Linux では Ctrl キーを押しながら D キーを押してみてください。

電卓のように計算をするだけでは面白くありませんね。実際には、計算式も「式文」という種類の立派なプログラムコード（文）なのですが、計算だけではなく、次に、もう少しプログラムらしいことをやってみましょう。

1.3 文字列の表示

C言語の最初の解説書である「プログラミング言語C」以来、プログラミングの最初のステップは伝統的に「Hello world!」と表示するコードを示すことになっています。ここではPythonで文字列を表示する方法を説明します。

Hello, Python!

ここで「Hello, Python!」と出力する次のようなプログラムを実行してみましょう。プログラムの意味はあとで考えることにします。

```
>>> print ('Hello, Python!')
Hello, Python!
>>>
```

入力したプログラムコードは「print ('Hello, Python!')」です。次の行の「Hello, Python!」は、プログラムコードを実行した結果です。

古いバージョンのPythonでは、「print 'Hello, Python!'」としないとエラーになることがあります。その場合は、3.0以降の新しいバージョンのPythonをインストールすると良いでしょう。

「print ('Hello, Python!')」の「print」は、そのあとの丸括弧の中の内容を出力する命令です。

「print()」のような何らかの結果をもたらす命令を関数といいます。関数については第4章で説明します。

出力する内容は「Hello, Python!」なのですが、これを文字列であると Python のインタープリタに知らせるために、「'」（シングルクオーテーション）で囲みます。「'」の代わりに文字列を「"」（ダブルクオーテーション）で囲ってもかまいません。

```
>>> print ("Hello, Python!")
Hello, Python!
>>>
```

同じようにして、計算式を出力することもできます。

```
>>> print (2*3+4*5)
26
>>>
```

今度は文字列ではなく式を計算した結果である数値を出力したので、丸括弧の中身を「'」や「"」で囲っていないことに注意してください。

文字列は「'」や「"」で囲み、数式や数値そのものは囲わないという点に注意しましょう。

関数を使わない方法

print() を使わないで、単に文字列や式を入力しても、入力した文字列や式の結果の値が出力されます。

```
>>> 'Hello, Python!'
'Hello, Python!'
>>> "Hello, Python!"
'Hello, Python!'
>>> 2*3+4*5
26
>>>
```

これは、print() を省略した 1 つの命令と考えることもできますが、Python では入力され

た値（文字列も 1 つの値です）がそのまま出力されると考えることもできます。

print() を使う場合と使わない場合でまったく同じであるわけではありません。「print("Hello, Python!")」を実行すると「Hello, Python!」とクオーテーションで囲まれずに文字列だけが出力されますが、プロンプトに対して「'Hello, Python!'」と入力する（最後に Enter キーを押す）と、「'Hello, Python!'」のようにクオーテーションで囲まれた文字列が出力されます。このクオーテーションは、値が文字列であることを表しています。

1.4 スクリプトファイル

プログラムをファイルに保存することもできます。

ファイルの作成

「`print ("Hello, Python!")`」という 1 行だけのプログラムのファイル（スクリプトファイル）を作成して保存してみましょう。

スクリプトファイルを準備するために、Python インタープリタをいったん終了して OS のコマンドプロンプトに戻ります。Python インタープリタをいったん終了するには、「quit()」を入力します。

テキストエディタ（Windows のメモ帳や Linux の gedit など、好きなエディタ）で、「`print ("Hello, Python!")`」と 1 行入力します。

図2.4●メモ帳で編集した例

図2.5●geditで編集した例

ファイルの保存

　そして、これを hello.py というファイル名で保存します。こうしてできたファイルが Python のプログラムファイルであり、スクリプトファイルともいいます。

> Windows のようなデフォルトではファイル拡張子が表示されないシステムの場合、ファイルの拡張子が表示されるように設定してください。また、自動的に txt のような拡張子が付けられるエディタでは、hello.txt や hello.py.txt というファイル名にならないように注意する必要があります。

　ファイルを保存する場所には注意を払う必要があります。
　あとで .py ファイルを容易に（パスを指定しないで）実行できるようにするには、適切なディ

レクトリを用意してからそこに保存するとよいでしょう。

Windowsの場合、たとえば、c:¥PythonGame¥Ch01に保存しておきます。

LinuxなどUNIX系OSなら、たとえば、ユーザーのホームディレクトリの中にpython/ch01というディレクトリを作ってそこに保存します。

スクリプトの実行

スクリプト（Pythonのプログラムファイル）を実行してみます。

OSのコマンドラインからこのスクリプトファイルを実行するときには、Pythonのプログラム名（python、python3.7など）のあとに実行するスクリプトファイルの名前を指定します。

たとえば、Windowsでは、コマンドラインからこのスクリプトファイルを実行するときには次のようにします。

```
>python hello.py
```

ここでは、スクリプトファイルがカレントディレクトリにある（パスを指定しないでスクリプトを実行する）と仮定して「python hello.py」と入力する例を示しました。

プログラムが実行されて、次のように結果の文字列「Hello, Python!」が表示されるはずです。

```
>python hello.py
Hello, Python!
```

> Windowsの場合、（スクリプトファイルを前述の場所に保存したのであれば）コマンドラインで「cd c:¥PythonGame¥Ch01」を実行してカレントディレクトリを「c:¥PythonGame¥Ch01」に変更すれば、パスを指定しないでスクリプトファイルを実行することができます。
> Linuxなどの場合、（スクリプトファイルを前述の場所に保存したのであれば）コマンドラインで「cd python/ch01」を実行してカレントディレクトリを「python/ch01」に変更すれば、パスを指定しないでスクリプトファイルを実行することができます。

スクリプトファイルがカレントディレクトリにない時には、スクリプトファイルがある場所を指定する必要があります。

スクリプトファイルが存在しているパスを指定して実行するには、たとえば次のようにします（Windowsの場合）。

```
>python c:\PythonGame\Ch01\hello.py
Hello, Python!
```

LinuxなどUnix系の場合は、たとえば次のようにします。

```
$ python3.7 PythonGame\Ch01\hello.py
Hello, Python!
```

Pythonのプログラムは、インタープリタで実行する他に、スクリプトファイル（プログラムファイル）としてファイルに保存しておいて、いつでもそのファイルをOSのプロンプトから実行することができます。

なお、Pythonのスクリプトファイルを直接実行できる場合があります。

Windowsでは、拡張子.pyをPythonのインタープリタと関連付けておくことで、.pyファイルを直接実行できるようになります（拡張子.pyはIDLEや他のPythonエディタ/デバッガと関連付けするほうが好ましいので、一般的には推奨しません）。

LinuxなどUnix系OSでは、スクリプトファイルの先頭に「#!/usr.bin/python」のような実行するコマンドの名前を示す行を入れて、「chmod +x hello.py」というコマンドを実行してファイルに実行許可フラグを設定することで実行することができます。

> COLUMN
>
> **ディレクトリの調査と変更**
>
> Pythonのインタープリタのプロンプトでカレントディレクトリを調べるときには、次のようにします。
>
> ```
> >>> import os
> >>> os.getcwd()
> ```
>
> Pythonのインタープリタからカレントディレクトリを変更するときにはos.chdir(*PATH*)を使います（*PATH*は変更する場所です）。たとえば、カレントディレクトリをc:¥PythonGame¥Ch01に移動して、移動したことを確認したいときには、次のようにします。
>
> ```
> >>> os.chdir('c:¥PythonGame¥Ch01')
> >>> os.getcwd()
> 'c:¥¥pythonGame¥¥ch01'
> ```

1.5 入力

ここではごく単純な入力の方法を説明します。

Hello, Yourname

あなたの名前を入力して、「Hello, *名前*」と表示するプログラムを作ってみましょう。

テキスト行を入力するには input() を使います。

プログラムは次の2行になります。

```
x = input(' Name? ')
print('Hello, ', x)
```

xには入力された名前が保存されます（xのような値を保存するものを変数といいます）。実際に実行するときには、再びPythonのインタープリタを起動して、次のようにします。

```
>>> x = input ('Name? ')
Name?Taro
>>> print ('Hello,',x)
Hello, Taro
```

このとき、Pythonのインタープリタの中でxには名前（この場合は「Taro」）が保存されています。ですから、単に「x」と入力するとxの内容が表示されます。

```
>>> x
'Taro'
```

変数xの内容が文字列であることを表すために「'」（クオーテーション）で囲まれていることに注目してください。

スクリプトファイル

この短いプログラムをあとで何度でも使えるようにスクリプトファイルにするには、次のような内容のファイルとして作っておくとよいでしょう。

リスト2.1●helloU.py

```
# helloU.py
x = input('Name? ')
print('Hello, ', x)
```

「#」で始まる行はコメント（注釈）で、プログラムの実行には影響を与えません。ここではこのコメントはファイル名を表しています。

OSのコマンドラインからこのスクリプトファイルを実行するときには、Pythonのプログラム名（python、python3など）のあとに実行するスクリプトファイルの名前を指定します。

たとえば、Windowsでは、コマンドラインからこのスクリプトファイルを実行するときには次のようにします。

```
C:\PythonGame\Ch01>python helloU.py
Name? Taro
Hello, Taro
```

数値の入力

数値も同様に入力することができます。ただし、input()を使って入力した値は文字列とみなされるので、数値に変換する必要があります。Pythonで数字の文字列xを数値に変換したい場合には、整数に変換するにはint()を、実数（浮動小数点）に変換するにはfloat()を使います。

次の例は実数に変換する例です。

```
>>> x=input('値? ')
値? 12.3
>>> x=float(x)
>>> x
12.3
```

入力して変換するプログラムコードだけを抜き出すと次のようになります。

```
x=input('値? ')
x=float(x)
```

これは次のように1行で記述することもできます。

```
x=float( input('値? ') )
```

Pythonのインタープリタで実行する例を次に示します。

```
>>> x=float( input('値? ') )
値? 23.56
```

```
>>> x
23.56
```

2つの値を入力して、加算した結果を加算するPythonのプログラムを実行する例を次に示します。

```
a = float( input('値1? ') )
b = float( input('値2? ') )
print('a+b= ', a+b)
```

Pythonのインタープリタで実行する例を次に示します。

```
>>> a = float( input('値1? ') )
値1? 12.3
>>> b = float( input('値2? ') )
値2? 4.5
>>> print('a+b= ', a+b)
a+b=  16.8
>>>
```

1.6　日本語の取扱い

Pythonでは、日本語も容易に扱うことができます。

日本語で「こんにちは」

ここで「こんにちは,Python!」と出力する次のようなプログラムを実行してみましょう。

```
>>> print ('こんにちは, Python!')
こんにちは, Python!
>>>
```

UTF-8 のコンソールで上のコードを正しく実行できないときには、「print (u' こんにちは , Python!')」を実行してみてください。

エンコーディングの指定

スクリプトファイルに日本語を記述するときには、ファイルのエンコーディング（UTF-8、shift-jis など）を指定します。たとえば、スクリプトを UTF-8 で保存した場合、次のようにします。

リスト2.2●helloutf8.py

```
# -*- coding:UTF-8 -*-
print ('こんにちは, Python!')
```

また、たとえば、スクリプトをシフト JIS で保存した場合、次のようにします。

リスト2.3●hellosjis.py

```
# -*- coding:shift-jis -*-
print ('こんにちは, Python!')
```

これらのスクリプトファイルを実行するときには、OS のコマンドプロンプトから、たとえば次のように実行します。

```
C:¥Python¥Ch01>python helloutf8.py
こんにちは, Python!
```

Python のプログラミングで使う「モジュール」と呼ばれるものの中には、まだ日本語を含む文字列を正しく扱えないものもあります。その場合、ソースコードを UTF-8 にする、「text = u' 日本語の文字列 '」のように文字列の先頭に「u」を付ける、日本語を扱えるフォントを使うなどすることによって正しく扱えることがあります。

練習問題

■1.1

Pythonで式「(2.3 × 3.1 + 6.6) ÷ 1.5」の結果を出力してください

■1.2

Pythonで、「こんばんは、今日は月曜日です。」と出力してください

■1.3

2つの値を入力して、かけ合わせた結果を加算するPythonのプログラムファイルを作ってください。

第2章

じゃんけんゲーム

グラフィックスを使わない単純なCUIゲームを作りながら、第1章で学んだ範囲に加えて新しい知識を少し追加するだけでできる単純なゲームを作ってみます。

2.1 ゲームの概要

ここではこれから作るゲームについて整理します。

じゃんけんゲーム

ここで作るゲームは、コンピュータを相手にじゃんけんをするゲームです。
最初の段階では、次のような流れになるようにしましょう。

```
あなたの手は？ > グー
あなたの手は グー です。
私はパーです。
私の勝ちです。
```

最初に「あなたの手は？>」と表示されるので、それに対して「グー」、「チョキ」、「パー」のいずれかを入力します。すると、コンピュータは「あなたの手は グー です。」のようにあなたの手を表示します。それから、コンピュータはそのときの自分の手を出します。そして、コンピュータが出した手と比較して、どちらが勝ちであるかを表示します。

2.2 ゲームの作り方

ここでは、このゲームで必要な技術とコードを順に説明します。

入力と表示

最初に「あなたの手は？>」と表示して「グー」、「チョキ」、「パー」のいずれかが入力できるようにするには、`input()` を使います。コンピュータが「あなたの手は グー です。」のようにあなたの手を表示するためには `print()` を使います。

```
>>> x = input('あなたの手は? > ')
あなたの手は? > グー
>>> print('あなたの手は ', x, ' です。')
あなたの手は  グー  です。
>>>
```

乱数

　次に、コンピュータが自分の手、つまり「グー」、「チョキ」、「パー」のいずれかをランダムに（何の規則もなくでたらめに）選ぶようにします。しかし、「グー」、「チョキ」、「パー」という文字列のいずれかをランダムに作り出すのは難しいので、ここでは「グー」=1、「チョキ」=2、「パー」=3 という整数値で表すことにします。

　ランダムな整数を生み出す（生成する）ためには、乱数というものを使います。Python で乱数を生成する方法はいろいろありますが、ここでは random というクラスと呼ぶものに含まれている randint() というメソッド（ひとまとまりのコードに名前を付けたもの）を利用します。

> random クラスのような乱数を発生させるオブジェクトを、乱数ジェネレータ（乱数発生器）と呼びます。

　この乱数を生成する機能は、単に起動しただけの Python には含まれていません。乱数を使うためには、プログラムの中で random というモジュールをインポートする必要があります（インタープリタを使っている場合は、乱数を生成する前にあらかじめ random モジュールをインポートする（取り込む）必要があります）。

　これには import という命令を使います。

```
>>> import random
```

randomモジュールは標準ライブラリに含まれているので追加インストールする必要はありませんが、インポートする必要はあります。

そして、乱数ジェネレータを初期化するために、あらかじめrandom.seed()を呼び出しておきます。

```
>>> random.seed()
```

このように引数を指定しないでrandom.seed()を呼び出すことで、システムの現在時刻で初期化が行われるので、プログラムを実行するたびに同じ系列の乱数が生成されることを防ぐことができます。

乱数を生成するためには、さらにrandomクラスの乱数生成メソッドの1つを呼び出します。整数を生成したいときには、randomクラスのrandint()というメソッドを使います。この「randomクラスのrandint()というメソッド」を表すために、random.randint()という表現方法を使います。

random.randint()は引数で指定した範囲の整数を生成するメソッドです。次の書式で呼び出すと、整数x以上y以下の乱数を返します。

```
random.randint(x, y)
```

たとえば、1以上3以下の整数（1、2、3のいずれか）をランダムに生成するには、次のようにします。

```
>>> random.randint(1, 3)
2
```

上の例では、「2」が生成されていますが、これはこの場合たまたま2になったのであり、1の場合も3の場合もあります。

ここでは、結果を変数yに保存しておきます（値を保存するものを変数といいます）。

```
y = random.randint(1, 3)
```

「グー」＝ 1、「チョキ」＝ 2、「パー」＝ 3 ということにしたので、この例では生成された整数は 2 だったので、これは「チョキ」であることになります。

> **COLUMN**
>
> **状態の表現**
>
> 　じゃんけんのときの 3 つの状態、「グー」、「チョキ」、「パー」を Python では文字列でそのまま表すこともできますが、数値で表現したほうがプログラムがシンプルになったり効率が良くなることがあります。
> 　そこで、たとえば、次のような状態を仮定することで、状態を数値で表すことができます。
>
> **表2.1●じゃんけんの状態の値**
>
> | 状態 | 値 |
> |---|---|
> | グー | 1 |
> | チョキ | 2 |
> | パー | 3 |
> | 未定 | 0 |
>
> このように状態を数値で表現する方法はよく使われます。

比較

　生成した乱数は変数 y に保存しました。つまり、この場合、y に「チョキ」を表す 2 という値が含まれているのですが、もし y が 2 であるならば、「私はチョキです。」と表示したいというようなときには、if という文を使います。
　ここでは if 文を次の形で使います（if 文の構文については後述）。

```
if y == 2 :
    print('私はチョキです。')
```

条件を表す「y == 2」のような式は括弧で囲む必要はありませんが、読みやすさと単純な間違いを防ぐために次のように囲むことがあります。

```
if ( y == 2 ) :
    print('私はチョキです。')
```

if文の構文は次の通りです。

```
if (条件) :
    条件が真のときに実行する文
```

条件とはこの場合「y == 2」であり、yが2ならこの条件式は正しいので「真」といいます（正しくないことは「偽」といいます）。if文は最後がコロン(:)で終わらなければならないことと、「条件が真のときに実行する文」はifよりも右に書かなければならないので行頭に空白を入れている点に注意してください。

このプログラムの場合、実際には、yの値は1、2、3の3種類なので、次の3つのif文のどれかでコンピュータの手が表示されます。

```
if (y == 1) :
    print('私はグーです。')

if y == 2 :
    print('私はチョキです。')

if (y == 3) :
    print('私はパーです。')
```

条件に一致しないときに実行したい文がある場合には、「if … else ～」という構文を使うこともできます。
「if … else ～」の構文は次の通りです。

```
if (条件):
    条件が真のときに実行する文
else:
    条件が偽のときに実行する文
```

また、else節に続けてさらにif文を使うこともできます。このとき「else if」は省略して「elif」と記述します。

```
if (条件1):
    条件1が真のときに実行する文
elif (条件2):
    条件2が真のときに実行する文
else:
    条件1と条件2が共に偽のときに実行する文
```

判定

ゲーマーが入力した手とコンピュータが出した手を比較して、どちらが勝ちであるかを判断するときにも、if文を使います。ただし、この場合、「ゲーマーが入力した手」と「コンピュータが出した手」の両方を比較する必要があります。つまり、「y=1であるか（コンピュータがグーであるか）」と「ゲーマー（x）がグーであるか」という2つの条件を同時に調べる必要があります。このようなときにはif文の条件式の中でandを使います。

```
if 条件1 and 条件2:
    条件1と条件2が共に真のときに実行する文
```

具体的なコードは次のようになります。

```
# y=1はコンピュータがグー
if y == 1 and x== 'グー' :
    print('ひきわけです。')
```

「y=1であるか（コンピュータがグーであるか）」と「ゲーマー（x）がチョキであるか」という判断と、「y=1であるか（コンピュータがグーであるか）」と「ゲーマー（x）がパーであるか」という判断も必要になります。

```
if y == 1 and x== 'チョキ' :
    print('あなたの負けです。')

if y == 1 and x== 'パー' :
    print('あなたの勝ちです。')
```

同様にコンピュータがチョキの場合も調べます。

```
# y=2はコンピュータがチョキ
if y == 2 and x== 'グー' :
    print('あなたの勝ちです。')

if y == 2 and x== 'チョキ' :
    print('ひきわけです。')

if y == 2 and x== 'パー' :
    print('あなたの負けです。')
```

さらに、コンピュータがパーの場合は次のようになります。

```
# y=3はコンピュータがパー
if y == 3 and x== 'グー' :
    print('あなたの負けです。')

if y == 3 and x== 'チョキ' :
    print('あなたの勝ちです。')

if y == 3 and x== 'パー' :
    print('ひきわけです。')
```

これまでの一連のコードを示すと、次のようになります。

```
x = input('あなたの手は? > ')
print('あなたの手は ', x, ' です。')

import random
y = random.randint(1, 3)

if (y == 1) :
    print('私はグーです。')

if y == 2 :
    print('私はチョキです。')

if (y == 3) :
    print('私はパーです。')

if y == 1 and x== 'グー' :
    print('ひきわけです。')

if y == 1 and x== 'チョキ' :
    print('あなたの負けです。')

if y == 1 and x== 'パー' :
    print('あなたの勝ちです。')

if y == 2 and x== 'グー' :
    print('あなたの勝ちです。')

if y == 2 and x== 'チョキ' :
    print('ひきわけです。')

if y == 2 and x== 'パー' :
    print('あなたの負けです。')

if y == 3 and x== 'グー' :
    print('あなたの負けです。')

if y == 3 and x== 'チョキ' :
    print('あなたの勝ちです。')
```

```
    if y == 3 and x== 'パー' :
        print('ひきわけです。')
```

プログラムファイル

　Pythonのプログラムファイル（スクリプトファイル）にするときには、通常は、import文を前のほうに記述します。また、必要に応じて「#」を使ってコメントを入れておくとよいでしょう。次の例では最初のコメントとしてファイル名を記述しています。

　さらに、2つ目のコメントとして、使っている文字エンコーディングも指定します（文字エンコーディングは必要に応じて実際に実行する環境に合わせてください）。

リスト2.4●janken0.py

```
# janken0.py
# -*- coding:UTF-8 -*-
import random

random.seed()

x = input('あなたの手は？ > ')
print('あなたの手は ', x, ' です。')
y = random.randint(1, 3)

# コンピュータの手を表示する
if (y == 1) :
    print('私はグーです。')

if y == 2 :
    print('私はチョキです。')

if (y == 3) :
    print('私はパーです。')

# y=1はコンピュータがグー
if y == 1 and x== 'グー' :
    print('ひきわけです。')

if y == 1 and x== 'チョキ' :
```

```
        print('あなたの負けです。')

if y == 1 and x== 'パー' :
    print('あなたの勝ちです。')

# y=2はコンピュータがチョキ
if y == 2 and x== 'グー' :
    print('あなたの勝ちです。')

if y == 2 and x== 'チョキ' :
    print('ひきわけです。')

if y == 2 and x== 'パー' :
    print('あなたの負けです。')

# y=3はコンピュータがパー
if y == 3 and x== 'グー' :
    print('あなたの負けです。')

if y == 3 and x== 'チョキ' :
    print('あなたの勝ちです。')

if y == 3 and x== 'パー' :
    print('ひきわけです。')
```

このファイルを OS のプロンプトから実行する例を次に示します（例は Windows の場合です）。

```
C:\PythonGame\Ch02>python janken0.py
あなたの手は？ > グー
あなたの手は　グー　です。
私はチョキです。
あなたの勝ちです。
```

2.3 ゲームの改良

じゃんけんゲームはいちおう完成しましたが、いろいろと使いにくい部分があります。そこで、以下で少しずつ改良しましょう。

状態の表現の一貫性

これまでのプログラムでは、コンピュータがグーであることを表すときに y=1 と表現したにもかかわらず、ゲーマーの手は x='グー' のように文字列で表現しています。また、ゲーマーの手を入力するときにも、「グー」、「チョキ」、「パー」という文字列のいずれかを入力しなければなりません。これは少々面倒ですし、プログラムの実行時の効率も良くありません。そこで、プログラムの内部では、一貫して「グー」= 1、「チョキ」= 2、「パー」= 3 という整数値で表すことにします。

ゲーマーの手の入力も「あなたの手は？（グー =1、チョキ =2、パー =3）＞」と表示して、1、2、3 のいずれかの数値で入力できるようにしましょう。

```
x = input('あなたの手は？（グー=1、チョキ=2、パー=3）> ')
x = int(x)      # 整数に変換する
```

このようにすると、引き分けの時には、x と y の値が同じなので、両者が「グー」、「チョキ」、「パー」という 3 つの条件を 1 つの式で判断できます。

```
if (y == x) :
    print('ひきわけです。')
    quit()
```

プログラム全体は次のようになります。

リスト2.5●janken1.py

```
# janken1.py
# -*- coding:UTF-8 -*-
import random
```

```
random.seed()

x = input('あなたの手は？ (グー=1、チョキ=2、パー=3) > ')
x = int(x)         # 整数に変換する
# コンピュータの手を表示する
s = 'グーです。'

if x == 2 :
    s = 'チョキです。'

if x == 3 :
    s = 'パーです。'

print('あなたの手は ' + s)

y = random.randint(1, 3)

# コンピュータの手を表示する
if y == 1 :
    print('私はグーです。')

if y == 2 :
    print('私はチョキです。')

if y == 3 :
    print('私はパーです。')

if y == x :
    print('ひきわけです。')
    quit()

# y=1はコンピュータがグー
if y == 1 and x == 2 :
    print('あなたの負けです。')

if y == 1 and x == 3 :
    print('あなたの勝ちです。')

# y=2はコンピュータがチョキ
if y == 2 and x == 1 :
    print('あなたの勝ちです。')
```

```
if y == 2 and x == 3 :
    print('あなたの負けです。')

# y=3はコンピュータがパー
if y == 3 and x == 1 :
    print('あなたの負けです。')

if y == 3 and x == 2 :
    print('あなたの勝ちです。')
```

いくつかの実行例を次に示します。

```
C:¥PythonGame¥Ch02>python janken1.py
あなたの手は？（グー=1、チョキ=2、パー=3）> 2
あなたの手は チョキです。
私はパーです。
あなたの勝ちです。

C:¥PythonGame¥Ch02>python janken1.py
あなたの手は？（グー=1、チョキ=2、パー=3）> 3
あなたの手は パーです。
私はパーです。
ひきわけです。

C:¥PythonGame¥Ch02>python janken1.py
あなたの手は？（グー=1、チョキ=2、パー=3）> 1
あなたの手は グーです。
私はグーです。
ひきわけです。
```

繰り返し

　じゃんけんを何度もやりたいときに、じゃんけんを一回やるごとにプログラムファイルを読み込んで実行するのは面倒です。そこで、好きなだけ何度でも繰り返してゲームができるようにしましょう。
　一連の作業を繰り返したいときには、繰り返しの文である while 文や for 文を使うこと

ができます。一般的には、while 文は繰り返しの回数があらかじめわかってない場合に使い、for 文は繰り返す回数があらかじめわかっている場合に使います。

この場合は、繰り返しをいつ辞めるか（ゲームをいつ終わるか）はあらかじめわからないので、while 文を使って繰り返します。

while 文の書式は次の通りです。

> **while 繰り返しを継続する条件：**
> 　　**繰り返すプログラムコード**

繰り返したい部分はゲームの本体です。つまり、リスト 2.1 の janken1.py の中の次の部分を繰り返せるようにすれば良いだけです。

```
x = input('あなたの手は？　（グー=1、チョキ=2、パー=3）> ')
x = int(x)      # 整数に変換する
      ⋮
if y == 3 and x == 2 :
    print('あなたの勝ちです。')
```

この部分を、繰り返しの文である while 文で繰り返すようにすれば良いのですが、繰り返す部分は長いので、繰り返す部分に game() という名前を付けて呼び出せるようにします。

```
def game() :
    x = input('あなたの手は？　（グー=1、チョキ=2、パー=3）> ')
    x = int(x)      # 整数に変換する
          ⋮
    if y == 3 and x == 2 :
        print('あなたの勝ちです。')

    return x
```

「def」は、関数というものを定義して他から呼び出せるようにするためのキーワードです。上のコードは最後の return 文まで続く一連のコードを関数 game() の内容として定義しています。いいかえると、game() を実行すると、この関数の内容として定義された一連のコードが実行されます。

このように、プログラムコードに名前を付けて呼び出すことができるようにしたものを関数

といいます。関数は呼び出した側に値を返すことができるので、ゲームをもうやらないので繰り返す必要がないという場合には、たとえば0を入力して、その値を呼び出し側に返すようにすることができます。

```
def game() :
    x = input('あなたの手は？ （グー=1、チョキ=2、パー=3、終わり=0） > ')
    x = int(x)      # 整数に変換する
        ⋮
    if y == 3 and x == 2 :
        print('あなたの勝ちです。')

    return x
```

関数をこのように作っておくと、たとえばgame()が返す値をfLoopという変数に保存しておいて、この値が0になったら繰り返しを終了させるといったことができます。

fLoopの「f」はこれがフラグであることを表し、「Loop」は繰り返すループであることを表しています。この変数名も他の変数名と同様に自由につけてかまいませんが、このように一定の規則とわかりやすい単語を使うとプログラムが読みやすくなります。

ただし、最初は繰り返したいことを意味する0以外の値をfLoopに設定しておきます。次の例は最初にfLoopに99という値（この値は99以外の値で良い）を設定しておいて、game()が0を返すまで繰り返すループです。

```
fLoop = 99

while fLoop != 0 :
    fLoop = game()
```

エラー処理

ゲーマーが入力を間違えた時の処理を追加しておくと、予期しないプログラムの停止や異常な挙動を防ぐことができます。この場合、入力が正しいかチェックするには、次のようにし

ます。

```
if x<0 or x>3 :    # 入力エラーのチェック
    print('0〜3の整数を入力してください。')
    return x
```

これまで説明したことをまとめた繰り返しできるじゃんけんゲーム全体は次のようになります。

リスト2.6●janken2.py

```
# janken2.py
# -*- coding:UTF-8 -*-
import random

random.seed()

def game() :
    x = input('あなたの手は？　（グー=1、チョキ=2、パー=3、終わり=0）> ')
    x = int(x)      # 整数に変換する
    
    if x<0 or x>3 :    # 入力エラーのチェック
        print('0〜3の整数を入力してください。')
        return x
    
    if x == 0 :    # 終了のチェック
        return 0
    
    # コンピュータの手を表示する
    s = 'グーです。'
    
    if x == 2 :
        s = 'チョキです。'
    
    if x == 3 :
        s = 'パーです。'
    
    print('あなたの手は ' + s)
    
    y = random.randint(1, 3)
```

```python
        # コンピュータの手を表示する
        if y == 1 :
            print('私はグーです。')

        if y == 2 :
            print('私はチョキです。')

        if y == 3 :
            print('私はパーです。')

        if y == x :
            print('ひきわけです。')
            return x

        # y=1はコンピュータがグー
        if y == 1 and x == 2 :
            print('あなたの負けです。')

        if y == 1 and x == 3 :
            print('あなたの勝ちです。')

        # y=2はコンピュータがチョキ
        if y == 2 and x == 1 :
            print('あなたの勝ちです。')

        if y == 2 and x == 3 :
            print('あなたの負けです。')

        # y=3はコンピュータがパー
        if y == 3 and x == 1 :
            print('あなたの負けです。')

        if y == 3 and x == 2 :
            print('あなたの勝ちです。')

        return x

fLoop = 99

while fLoop != 0 :
    fLoop = game()
```

```
quit()    # 明示的に終了したい場合だけ必要
```

実行例を次に示します。

```
C:\PythonGame\Ch02>python janken2.py
あなたの手は？ （グー=1、チョキ=2、パー=3、終わり=0） > 2
あなたの手は チョキです。
私はグーです。
あなたの負けです。
あなたの手は？ （グー=1、チョキ=2、パー=3、終わり=0） > 3
あなたの手は パーです。
私はグーです。
あなたの勝ちです。
あなたの手は？ （グー=1、チョキ=2、パー=3、終わり=0） > 1
あなたの手は グーです。
私はパーです。
あなたの負けです。
あなたの手は？ （グー=1、チョキ=2、パー=3、終わり=0） > 0
```

2.4 サイコロ

　ここで作成するプログラムは、人がサイコロを振ることをシミュレーションするプログラムです。

さいころプログラム

　サイコロを振ると、1～6の面のいずれかが表になります。これをプログラムで実現します。このとき、乱数を使います。
　単に1～6の値をランダムに生成して数字として表示するのでは面白くないので、グラフィックスを使わずに、文字や記号だけで、できるだけサイコロらしい表現を行います。

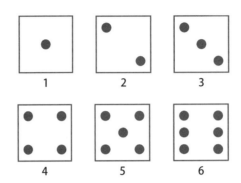

図2.6●サイコロのそれぞれの目のイメージ

数の生成

　さいころは1～6の間の任意の数が表示されます。任意の数を取り出したいときには乱数を使います。

　すでに説明したように、乱数を生成する機能は、単に起動しただけのPythonには含まれていません。乱数を使うためには、プログラムの中でrandomというモジュールをインポートする必要があります（インタープリタを使っている場合は、乱数を生成する前にあらかじめrandomモジュールをインポートする必要があります）。

　最初に呼び出すのはrandom.seed()です。これは乱数ジェネレータを初期化しますが、乱数を使うときに最初に行わなければならない準備と考えてください。

　乱数を生成するためには、さらにrandomのメソッドを呼び出します。

　特定の範囲の正の数を取り出したい場合にはrandint()というメソッドを使うことができます。たとえば、「random.randint(1, 6)」で1～6の範囲の値を取り出します。

```
import random

random.seed()

n = random.randint(1, 6)

print('n=', n)
```

これでプログラムを 1 回実行するごとに 1 〜 6 の範囲のいずれかの数が表示されるようになりますが、ここではできるだけサイコロらしい表現をしたいので、「*」を使ってサイコロの目を表現することにします。

たとえば、サイコロの 6 を表示したいときには、次のコードを実行します。

```
print('*   *')
print('*   *')
print('*   *')
```

これを実行すると次のように表示されます。

```
*   *
*   *
*   *
```

同じことを 3 回繰り返すのは美しくないと感じたら、次のようにすることもできます。

```
for i in [1,2,3]:
    print('*   *')
```

for 文は指定された回数だけ繰り返すステートメントです。for 文には繰り返す処理を記述します。

for 文のもっとも一般的な書式は次の通りです。

> **for 繰り返しを継続する条件:**
>   **繰り返すプログラムコード**

次の例は、1 から 3 までの整数とその 2 乗を出力する例です。

```
for i in [1,2,3]:
    print(i, '=>', i*i)
```

次の例は、0 から 4 までの整数とその 2 乗を出力する例です。

```
for i in range(5):
    print(i, '=>', i*i)
```

しかし、この場合、わざわざfor文を使わなくても、次の1行で同じ目的を達成できます。

```
print('*   *\n*   *\n*   *')
```

また、たとえば、「3」を出力したければ次のコードを実行します。

```
print('*  \n *\n  *')
```

これを実行すると次のように表示されます。

```
*
  *
    *
```

一般的なコンピュータがまだグラフィックスをサポートしていない頃には、このようなキャラクタシンボルを使って図形やイラストを表示することが良く行われました。

1〜6まで、それぞれサイコロの表現ができるようにしてプログラムとしてまとめたものを次に示します。

リスト2.7●die.py

```
# die.py
# -*- coding:UTF-8 -*-

import random

random.seed()

n = random.randint(1, 6)

print('n=', n)
```

```
if n==1:
    print('\n  *  \n')

if n==2:
    print('\n*    *\n')

if n==3:
    print('*  \n  *\n    *')

if n==4:
    print('*   *\n   \n*   *')

if n==5:
    print('*   *\n  *  \n*   *')

if n==6:
    print('*  *\n*  *\n*  *')
```

このスクリプトファイルを OS のコマンドラインから実行する例を次に示します（次の例は Windows での実行例です）。

```
C:\PythonGame\Ch02>die.py
n= 2

*    *


C:\PythonGame\Ch02>die.py
n= 3
*
  *
    *

C:\PythonGame\Ch02>die.py
n= 2

*    *
```

```
C:\PythonGame\Ch02>die.py
n= 1

  *


C:\PythonGame\Ch02>die.py
n= 5
*   *
  *
*   *


C:\PythonGame\Ch02>die.py
n= 1

  *
```

練習問題

■**2.1**

コンピュータの手を表示するときのコードを if … else 〜文を使って書き換えてみましょう

■**2.2**

「グー =g、チョキ =c、パー =p」で遊ぶことができるようにプログラムを変更してみましょう。

■**2.3**

0を入力しなくても、じゃんけんを 10 回やったらプログラムが終了するようにしてみましょう。
ヒント：while 文を終了するときには break 文を使います。

第 3 章

キータイプゲーム

グラフィックスを使わない単純な CUI ゲームを作りながら、Python のプログラミングについてさらに学びます。

3.1 ゲームの概要

ここではこれから作るゲームについて整理します。

キータイプゲーム

キータイプゲームは、キーボードのキーの文字がランダムに表示されるので、ゲーマーは表示された文字を見て、その文字と同じキーを押します。

この章では、最初は単純に表示されたキーを押せばよいプログラムを作り、それから表示されるキーの種類を増やしたり、時間を計測したりできるように改良します。

3.2 キーコードの生成

ここではキータイプゲームを作るために必要な基礎的なことを説明します。

文字コード

コンピュータの内部では、文字はコード（数値）で表します。キーボードの文字キーや記号キーは、次の表に示すASCIIコード表の値で表すことができます。

表3.2●ASCIIコード表

		上位3ビット							
		0	1	2	3	4	5	6	7
下位4ビット	0	NUL	DLE	SP	0	@	P	`	p
	1	SOH	DC1	!	1	A	Q	a	q
	2	STX	DC2	"	2	B	R	b	r
	3	ETX	DC3	#	3	C	S	c	s
	4	EOT	DC4	$	4	D	T	d	t
	5	ENQ	NAK	%	5	E	U	e	u
	6	ACK	SYN	&	6	F	V	f	v
	7	BEL	ETB	'	7	G	W	g	w
	8	BS	CAN	(	8	H	X	h	x
	9	HT	EM	)	9	I	Y	i	y
	A	LF	SUB	*	:	J	Z	j	z
	B	VT	ESC	+	;	K	[	k	{
	C	FF	FS	,	<	L	¥	l	|
	D	CR	GS	-	=	M	]	m	}
	E	SO	RS	.	>	N	^	n	~
	F	SI	US	/	?	O	_	o	DEL

たとえば、文字'a'は16進数で61で表すことができ、'z'は16進数で7Aで表すことができます。

Pythonのプログラムでは、16進数の61は「0x61」という文字列で表し、16進数の7Aは「0x7A」という文字列で表します（A〜Fは小文字でもかまいません）。

0〜1Fまでは制御コードと呼び、記号や文字として表示することはできません。

キータイプゲームでは、乱数ジェネレータで文字コードに相当する整数を乱数ジェネレータで生成させて、ゲーマーはそれが示す文字と同じ文字キーを押すことによって得点を得るようにします。

文字コードの生成

第2章で学んだ通り、random.randint()で指定した範囲の乱数を生成できるので、たとえばa～zまでの文字からランダムに1つの文字の文字コードを取り出すためには、次のコードを使います。

```python
import random   # randomモジュールのインポート

random.seed()    # 乱数ジェネレータの初期化

# a～zまでの文字からランダムに1つ取り出す。
c = random.randint(int('0x61', 16), int('0x7a', 16))
```

「int('0x61', 16)」や「int('0x7a', 16)」は、文字列で指定した16進数（aを表す'0x61'やzを表す'0x7a'）を16進数とみなして整数（integer）に変換するPythonに組み込まれている関数です。

生成した文字コードは、関数chr()を使って文字に変換して表示します。

```python
c= chr(c)
print( '文字：' + c)
```

表示された文字に対してゲーマーが文字を入力するようにするために、関数input()を使います。

```python
x = input('タイプ==> ')
```

そして、表示された文字と入力された文字を比較して、同じであれば正解なので得点を加算します。

```python
if c == x :
    print('正解')
    n = n + 1
```

この部分を関数にして何度でも呼び出せるようにします。

```python
def trytype(i, n) :
    # a～zまでの文字からランダムに1つ取り出す。
```

```
    c = random.randint(int('0x61', 16), int('0x7a', 16))
    c= chr(c)
    print(str(i) + '回目の文字 : ' + c)
    x = input('タイプ==> ')

    if c == x :
        print('正解')
        n = n + 1

    return n
```

得点を保存する変数 point を 0 で初期化し、関数 input() をたとえば 20 回呼び出すようにして、最後に正解だった回数を繰り返した回数で割ってパーセントに変換することで正解率を表示するようにすると、このプログラムのメイン部分が完成します。

```
point = 0

def trytype(i, n) :
        ⋮

# メインループ
for i in range(20):    # 20回繰り返す
    point = trytype(i, point)

print('正解率は : ' + str(point * 100.0 / 20.0) + '%')    # 100.0 / 20.0=5.0
```

全体を 1 つのプログラムとしてまとめると、次のようになります。

リスト3.8●keytrain0.py

```
# keytrain0.py
# -*- coding:UTF-8 -*-
import random

random.seed()

point = 0

def trytype(i, n) :
    # a〜zまでの文字からランダムに1つ取り出す
```

```
        c = random.randint(int('0x61', 16), int('0x7a', 16))
        c= chr(c)
        print(str(i) + '回目の文字 : ' + c)
        x = input('タイプ==> ')

        if c == x :
            print('正解')
            n = n + 1

    return n

# メインループ
for i in range(20):    # 20回繰り返す
    point = trytype(i, point)

print('正解率は : ' + str(point * 100.0 / 20.0) + '%')    # 100.0 / 20.0=5.0
```

3.3 ゲームの改良

キータイプゲームはいちおう完成しましたが、さらに以下で少しずつ改良します。

レベル

最初に、ゲームの難易度を設定できるようにします。

ゲームの難易度を設定する方法はいろいろありますが、ここでは出題するために生成する文字の範囲を広くするとゲームが難しく、狭くすると易しくなるようにします。

表3.3●keytrain1.pyのレベル

レベル	出題範囲
1	a ('0x61') ～ z ('0x7a')
2	[('0x5b') ～ z ('0x7a')
3	@ ('0x21') ～ z ('0x7a')

プログラムとしては、最初にレベル3の範囲を設定します。

```
chMin = '0x21'    # @
chMax = '0x7a'    # z
```

そして、ゲーマーがレベルを入力すると、生成する文字の範囲のうちの最小の値を入力したレベルに応じて設定します。

```
level = input('レベル (1,2,3) ==> ')
level = int(level)

if level==1 :
    chMin = '0x61'   # a

if level==2 :
    chMin = '0x5b'   # [
```

そして、文字の値を生成するときにこの範囲を指定します。

```
def trytype(i, n) :
    c = random.randint(int(chMin, 16), int(chMax, 16))
    c= chr(c)
    print(str(i) + '回目の文字 : ' + c)
    x = input('タイプ==> ')

    if c == x :
        print('正解')
        n = n + 1

    return n

point = 0
```

プログラム全体は次のようになります。

リスト3.9●keytrain1.py

```
# keytrain.py
# -*- coding:UTF-8 -*-
import random
```

```
random.seed()

chMin = '0x21'    # @
chMax = '0x7a'    # z

def trytype(i, n) :
    c = random.randint(int(chMin, 16), int(chMax, 16))
    c= chr(c)
    print(str(i) + '回目の文字 : ' + c)
    x = input('タイプ==> ')

    if c == x :
        print('正解')
        n = n + 1

    return n

point = 0

level = input('レベル (1,2,3) ==> ')
level = int(level)

if level==1 :
    chMin = '0x61'   # a

if level==2 :
    chMin = '0x5b'   # [

# メインループ
for i in range(10):    # 10回繰り返す
    point = trytype(i, point)

print('正解率は : ' + str(point * 10.0) + '%')
```

　出題範囲を英文字（a〜zとA〜Z）だけにしたい場合は、まず、a〜Zの範囲の文字を生成して、さらに生成された文字がa〜zかA〜Zの範囲であるかどうか確かめます。
　具体的には、a〜Zの範囲の文字には記号が含まれるので、記号が含まれていたら再度a〜Zの範囲の文字の乱数を生成することを繰り返し、得られた文字が英文字（a〜zとA〜Z）

である場合にこのループを抜けます。

```
while (True) :
    c = random.randint(int('0x41', 16), int('0x7a', 16))
    c= chr(c)
    if c>='a' and c <= 'z' :
        break

    if c>='A' and c <= 'Z' :
        break
```

> COLUMN
>
> **Do ... while ループ**
>
> while 文は次のような形式で使ってきました。
>
> ```
> while (繰り返しを継続する条件) :
>     繰り返すプログラムコード
> ```
>
> このようにする代わりに、while 文の「繰り返しを継続する条件」を True にして永久に繰り返すループを作り、while 文で繰り返すコードの中や最後で「繰り返しを終了する条件」を調べる次のような構文を使うことがよくあります。
>
> ```
> while ( True ) :
>     繰り返すプログラムコード
>     if 繰り返しを終了する条件:
>         break;                    # ループを抜ける
> ```
>
> ループを終了する条件を最後に置く形式を、特に Do … while ループと呼ぶことがあります。

プログラム全体は次のようになります。

リスト3.10●keytrain2.py

```python
# keytrain2.py
# -*- coding:UTF-8 -*-
import random
import time

random.seed()

def trytype(i, n) :
    while (True) :
        c = random.randint(int('0x41', 16), int('0x7a', 16))
        c= chr(c)
        if c>='a' and c <= 'z' :
            break

        if c>='A' and c <= 'Z' :
            break

    print(str(i) + '回目の文字 : ' + c)
    x = input('タイプ==> ')

    if c == x :
        print('正解')
        n = n + 1

    return n

point = 0

# メインループ
for i in range(10):   # 10回繰り返す
    point = trytype(i, point)

print('正解率は : ' + str(point * 10.0) + '%')
```

実行例を以下に示します。

```
C:\PythonGame\Ch03>python keytrain2.py
0回目の文字 : I
タイプ==> I
正解
1回目の文字 : T
タイプ==> T
正解
2回目の文字 : Q
タイプ==> Q
正解
3回目の文字 : g
タイプ==> g
正解
4回目の文字 : k
タイプ==> k
正解
5回目の文字 : u
タイプ==> u
正解
6回目の文字 : D
タイプ==> d
7回目の文字 : z
タイプ==> z
正解
8回目の文字 : Y
タイプ==> y
9回目の文字 : k
タイプ==> k
正解
正解率は : 80.0%
```

かかった時間の測定

さらに、ゲーム終了までにかかった時間を調べて表示できるようにしましょう。

時間を計測するためには、まず time というモジュールをインポートする必要があります。

```
import time
```

そして、ゲームを始める前に time.time() でその時の時刻を取得して start という変数に保存しておきます。

```
start = time.time()
```

ゲームが終了したら、再び time.time() でその時の時刻を取得して start の値を引くことで、かかった時間を計算します。このとき、関数 format() を使ってかかった時間を秒単位に変換します。

```
elapsed_time = time.time() - start
print ("かかった時間は : {0}".format(elapsed_time) + "[秒]")

print('正解率は : ' + str(point * 10.0) + '%')
```

プログラム全体は次のようになります。

リスト3.11●keytrain3.py

```
# keytrain3.py
# -*- coding:UTF-8 -*-
import random
import time

random.seed()

def trytype(i, n) :
    while (True) :
        c = random.randint(int('0x41', 16), int('0x7a', 16))
        c= chr(c)
        if c>='a' and c <= 'z' :
            break
```

```
        if c>='A' and c <= 'Z' :
            break

    print(str(i) + '回目の文字 : ' + c)
    x = input('タイプ==> ')

    if c == x :
        print('正解')
        n = n + 1

    return n

point = 0
start = time.time()

# メインループ
for i in range(10):   # 10回繰り返す
    point = trytype(i, point)

elapsed_time = time.time() - start
print ("かかった時間は : {0}".format(elapsed_time) + "[秒]")

print('正解率は : ' + str(point * 10.0) + '%')
```

ゲームする時間の長さを制限したいときには、たとえば次のようにして一定の時間が経過したらゲームのループを終了するようにします。

```
while (True) :
    if (time.time() - start > 20) :   # 経過時間が20秒以上になったら
        break                          #    ループを終了する。
    point = trytype(i, point)          # ゲームを実行する
```

実行例を以下に示します。

```
C:\PythonGame\Ch03>python keytrain3.py
0回目の文字 : t
タイプ==> t
正解
1回目の文字 : K
タイプ==> k
2回目の文字 : w
タイプ==> w
正解
3回目の文字 : x
タイプ==> x
正解
4回目の文字 : q
タイプ==> q
正解
5回目の文字 : J
タイプ==> J
正解
6回目の文字 : E
タイプ==> e
7回目の文字 : d
タイプ==> d
正解
8回目の文字 : k
タイプ==> k
正解
9回目の文字 : I
タイプ==> I
正解
かかった時間は : 16.892695903778076[秒]
正解率は : 80.0%
```

> **COLUMN**
>
> **実行にかかる時間**
>
> 　同じ条件のプログラムを実行しても、実行環境によって実行にかかる時間は大幅に変わります。特に、Pythonは、命令を1つずつ解釈しては実行するインタープリタ言語なので、実行に時間がかかる傾向があり、その結果、環境の違いによる実行にかかる時間の差も大きくなる傾向があります。
>
> 　Pythonで作成したゲームを広く一般に配布する場合には、この点を考慮して、とても速いマシンと遅いマシンでテストして問題がないか確認する必要があるでしょう。

練習問題

■3.1
最初のプログラム keytrain0.py の繰り返し回数を 30 回に変更してください。

■3.2
keytrain1.py を変更して、英数文字（a～z、A～Z と 0～9）だけを出題するように変更してください。

■3.3
出題してタイプする回数を指定するのではなく、一定の時間内に正しくタイプできたキーの数を計測してその短さで得点を表すようにゲームを変更してみましょう。

第4章

音当てゲーム

この章では、音感を養うことができる音当てゲームを作成する方法を紹介します。

4.1 システムのサウンド

ここでは、最も単純な音の生成方法を説明します。

この章の音が鳴るプログラムを実行する前に、必ずシステムの音量を小さく設定してください。

▌Beep

Windowsでは、winsoundというモジュールを使ってビープ音を鳴らすことができます。

```
winsound.Beep(freq, dur)
```

ここで *freq* は鳴らす音の周波数（Hz）、*dur*（ミリ秒）は継続時間です。

ある音の高さは、特定の周波数で表されます。

winsoundモジュールを使うためにはあらかじめwinsoundをインポートしておきます。

```
import winsound
```

たとえば、次のようにすると440 Hzの音（ラの音）を1秒間鳴らすことができます。

```
import winsound
winsound.Beep(440, 1000)
```

システムの状況によっては、音を鳴らしている途中で一瞬音が途切れることがあります。これはプログラムの問題ではなくシステムの問題です。なお、プログラムからは音量を指定できません。システムの音量の設定に十分に注意してください。

システムのサウンド

LinuxなどのUNIX系OSでは、winsoundモジュールを使うことはできませんが、OSがサポートするplayコマンドで音を鳴らすことができます（playコマンドはOSのコマンドラインレベルで実行するプログラムです）。

```
play -n synth dur sin freq
```

ここで *freq* は鳴らす音の周波数（Hz）、*dur*（秒）は継続時間です。

たとえば、次のようにすると440 Hzの音（ラの音）を1秒間鳴らすことができます。

```
play -n synth 1 sin 440
```

ディストリビューションおよびバージョンによってはplayコマンドが用意されていない場合があります。コマンドプロンプト（典型的には$で終わる入力プロンプト）に対して「play -n synth 1 sin 440」を実行して音が鳴らない場合は、playコマンドをインストールして音が鳴るように設定してください。また、プログラムからは音量を指定できませんので、システムの音量の設定に十分に注意してください。

このコマンドをPythonから使うときには次のようにします。

```
import os
os.system(' play -n synth 1 sin 440')
```

実行例を次に示します。

```
>>> os.system('play -n synth 1 sin 440')

 Encoding: n/a
 Channels: 1 @ 32-bit
Samplerate: 48000Hz
Replaygain: off
 Duration: unknown
```

```
In:0.00% 00:00:01.02 [00:00:00.00] Out:48.0k [        |        ] Hd:0.0 Clip:0
Done.
0
```

なお、上に示したように、この play コマンドは生成したサウンドに関するメッセージを出力します。

このメッセージを表示したくない場合は、出力およびエラー出力を /dev/null にリダイレクトします。

```
os.system('play -n synth 1 sin 440 > /dev/null 2>&1')
```

再生する周波数を変数 frequency に保存した場合は次のようになります。

```
os.system('play -n synth 1 sin %s > /dev/null 2>&1' % (frequency))
```

環境による切り替え

すでに説明したように、Windows と Linux など UNIX 系の OS とでは、音を鳴らす方法が異なります。

そのため、Python のプログラムを環境に依存しないようにするには、実行時に環境を調べて適切なコードを実行するようにする必要があります。実行時に環境を調べるには、次のコードを使います。

```
platform.system( )
```

この関数が文字列 'Windows' を返せば、実行環境は Windows です。そうでなければ UNIX 系 OS である可能性が高いといえます（たとえば Linux 上であるなら 'Linux' が返されるでしょう）。

そこで、次のようにしてインポートするモジュールを切り替えます。

```
import platform

if platform.system() == 'Windows' :
    import winsound
```

```
else :
    import os
```

　周波数 freq の音を 1 秒鳴らすコードも次のようにすれば環境に応じて切り替えることができます。

```
if platform.system() == 'Windows' :
    winsound.Beep(freq, 1000)
else :
    os.system('play -n synth 1 sin %s > /dev/null 2>&1' % (freq))
```

　このコードは、音番号が n である 1 つの音を鳴らすための関数 playnote(n) として定義しておくと便利です（あとで詳しく説明します）。

```
def playnote(n) :
    if platform.system() == 'Windows' :
        winsound.Beep(音番号nの周波数, 1000)
    else :
        os.system('play -n synth 1 sin %s > /dev/null 2>&1' % (音番号nの周波数))
```

　def は関数などを定義するためのキーワードで、上のコードは続く 4 行のコードを関数 playnote(n) として定義しています。

　これで、たとえば、「音番号 0 の周波数」を表す変数にドの音程を表す周波数が入っていれば、次のようにすることでドの音を鳴らすことができます。

```
playnote(0)
```

　同様に、たとえば、「音番号 5 の周波数」にラの音程を表す周波数が入っていれば、次のようにすることでドの音を鳴らすことができます。

```
playnote(5)
```

> **COLUMN**
>
> **pygame のサウンド**
>
> 本書の中では、第7章「ゲームサウンド」でpygameというモジュールを使ってサウンドを鳴らす方法も説明します。ビープ音の代わりにpygameのサウンドを使う場合は、鳴らすサウンドファイル（.wavなど）を用意しておいてそのファイルの音を鳴らします。

音高と周波数

これまでに説明した方法では、ある高さの音を鳴らすために、音の高さを周波数で指定しました。

通常はラ（英語表記でA3）の音を440 Hzまたは442 Hzとして他の音を平均率で決定します（計算の方法は音楽的な問題なので省略します）。

たとえば、ラ（英語表記でA3）の音を440 Hzとしたときの各音の高さとその周波数は次のようになります。

表4.4●音高と周波数

音高	音高（英表記）	周波数（Hz）
ド	C3	261.626
ド#	C#3	277.183
レ	D3	293.665
レ#	D#3	311.127
ミ	E3	329.628
ファ	F3	349.228
ファ#	F#3	369.994
ソ	G3	391.995
ソ#	G#3	415.305
ラ	A3	440.000
ラ#	A#3	466.164
シ	B3	493.883
ド	C4	523.251

音高	音高（英表記）	周波数（Hz）
ド#	C#4	554.365
レ	D4	587.330
レ#	D#4	622.254
ミ	E4	659.255
ファ	F4	698.456
ファ#	F#4	739.989
ソ	G4	783.991
ソ#	G#4	830.609
ラ	A4	880.000
ラ#	A#4	932.328
シ	B4	987.767
ド	C5	1046.502

この表にはこの章では使わない音の高さの周波数も掲載していますが、サンプルプログラムを独自に改良したり他のプログラムを作るときの参考にしてください。

4.2 音当てゲーム

特定の高さの音の鳴らし方がわかったので、音当てのプログラムを作ってみましょう。

ゲームの概要

このゲームは、まず基準音が鳴り、それから別の音が鳴った時に、その音の高さを（ド、レ、ミ...または別の表現で）当てるゲームです。
たとえば、最初に次のように表示してドの音を鳴らします。

```
基準となるドを鳴らします。
```

そして、少し間を置いて、別の音（基準音と同じ音でもよい）を鳴らします。
そして、次のように入力を促します。

```
鳴った音は？（ド,レ,ミ...）==>
```

ゲーマーはそれに対して聞き取った音程を入力します。

```
鳴った音は？（ド,レ,ミ...）==> シ
```

そして、それが正しければ「正解」と出力して、正しくなければ「間違い：正解は ラ」のように表示します。

音階の定義

このプログラムでは、各音の高さを表す周波数（たとえば440）と、それに対する音の高さの表記（ラ）を使います。とはいえ、プログラムの中で音の高さを「ド」とか「レ」という文字列で表現するのはプログラムの拡張などを考えたときに好ましくないので、音番号というものを決めることにします。たとえば、「ド」は0、「レ」は1などとします。このようにすると、1オクターブ上の「ド」は7という別の番号で表現して、オクターブ違いの音を容易に区別することができます。

この音あてプログラムで使う音の高さや音の番号を次の表に示します。

表4.5●音あてプログラムの音の高さ

音高	音高（英表記）	周波数（Hz）	音番号
ド	C3	261	0
レ	D3	294	1
ミ	E3	330	2
ファ	F3	349	3
ソ	G3	392	4
ラ	A3	440	5
シ	B3	494	6
ド	C4	523	7

プログラムの中では、周波数（freq）と音の名前（note）をTuple（タプル）という形で定義しておきます。

```
freq = (260, 294, 330, 349, 392, 440, 494, 523)
note = ('ド','レ','ミ','ファ','ソ','ラ','シ','ド')
```

これで、たとえば、freq[0]は260を表すことになり、freq[5]は440を表すことになります。

同様に、note[0]は「ド」を表すことになり、note[5]は「ラ」を表すことになります。

これでこのコードは、音番号がnである1つの音を鳴らすための関数playnote()の中で特定の音を次のようにすることで鳴らすことができます。

```
def playnote(n) :
    if platform.system() == 'Windows' :
        winsound.Beep(freq[n], 1000)
```

```
    else :
        os.system('play -n synth 1 sin %s > /dev/null 2>&1' % (freq[n]))
```

スリープ

　このプログラムでは、最初に基準音（たとえば「ド」の音）を鳴らして、少し間を置いて、問題の音を鳴らします。

　この「少し間を置いて」というのは、プログラムの動作を一時的に停止することに他なりません。そのためには、time というモジュールの sleep() という関数を使います。

　具体的には、time モジュールをインポートしておいて、time.sleep() を呼び出します。

```
import time

time.sleep(n)
```

　n はプログラムを止めて待っている時間（秒）です。

　これで良いのですが、「from モジュール名 import 関数名」という形式を使ってあるモジュールの特定の関数だけインポートすることができます。

　この場合は、次のようにします。

```
from time import sleep   # sleep() 呼び出し用
```

　この方法を使うと、モジュール名を指定せずに関数名だけで関数を呼び出すことができるようになります。

```
sleep(n)    # n秒待つ
```

「少し間を置く」ための方法は他にもあります。あとのほうの pygame というモジュールを使うプログラムでは別の方法を使います。

出題と答え合わせ

出題するときには、まず基準となる音を鳴らします。

```
print('基準となるドを鳴らします。')
playnote(0)
```

そして、少し待ちます。

```
sleep(0.5)   # 0.5秒待つ
```

次の乱数を使って出題する音の高さを取得してその音を鳴らします。

```
# 出題する
c = random.randint(1, 7)
playnote(c)
```

そして、鳴った音の音高であろうと判断した音の名前をゲーマーに入力してもらいます。

```
x = input('鳴った音は？（ド,レ,ミ...) ==> ')
```

入力された音が出題の音と同じであれば正解、そうでなければ不正解です。

```
if note[c] == x:
    print('正解')
    n = n + 1
else :
    print('間違い:正解は', note[c])
```

　繰り返して出題したいので、第3章で説明したのと同じように1回出題するコードを1つの関数にまとめましょう。出題してから答え合わせするまでのコードを play(i, n) という関数にまとめると、次のようになります

```
def play(i, n) :
    print('基準となるドを鳴らします。')
    playnote(0)
    
    sleep(0.5)   # 0.5秒待つ
```

```python
    # 出題する
    c = random.randint(1, 7)
    playnote(c)

    x = input('鳴った音は？（ド,レ,ミ...）==> ')

    if note[c] == x:
        print('正解')
        n = n + 1
    else :
        print('間違い:正解は', note[c])

    return n
```

これまで説明したことをまとめたプログラム全体を以下に示します。なお、プログラムを実行するためにシステムのビープサウンドの音量を必ず調整してください。

リスト4.12●eartrain0.py

```python
# eartrain0.py
# -*- coding:UTF-8 -*-
import platform
import random
from time import sleep   # sleep() 呼び出し用

if platform.system() == 'Windows' :
    import winsound
else :
    import os

freq = (260, 294, 330, 349, 392, 440, 494, 523)
note = ('ド','レ','ミ','ファ','ソ','ラ','シ','ド')

def playnote(n) :
    if platform.system() == 'Windows' :
        winsound.Beep(freq[n], 1000)
    else :
        os.system('play -n synth 1 sin %s > /dev/null 2>&1' % (freq[n]))

def play(i, n) :
```

第4章 音当てゲーム

```
        print('基準となるドを鳴らします。')
        playnote(0)

        sleep(0.5)   # 0.5秒待つ

        # 出題する
        c = random.randint(1, 7)
        playnote(c)

        x = input('鳴った音は？（ド,レ,ミ...) ==> ')

        if note[c] == x:
            print('正解')
            n = n + 1
        else :
            print('間違い:正解は', note[c])

        return n

point = 0
random.seed()

# メインループ
for i in range(10):   # 10回繰り返す
    point = play(i, point)

print('正解率は : ' + str(point * 10.0) + '%')
```

実行例を次に示します。

```
C:\PythonGame\Ch04>py eartrain0.py
基準となるドを鳴らします。
鳴った音は？（ド,レ,ミ...) ==> シ
正解
基準となるドを鳴らします。
鳴った音は？（ド,レ,ミ...) ==> ソ
正解
基準となるドを鳴らします。
鳴った音は？（ド,レ,ミ...) ==> ソ
正解
```

```
基準となるドを鳴らします。
鳴った音は？（ド,レ,ミ...）==> ミ
正解
        ⋮
基準となるドを鳴らします。
鳴った音は？（ド,レ,ミ...）==> レ
間違い:正解は　ラ
基準となるドを鳴らします。
鳴った音は？（ド,レ,ミ...）==> ミ
正解
正解率は ：70.0%
```

電子音は楽器音とは音程感が若干異なるので、聴き慣れないと音を当てられない場合があります。音を当てられない場合でも、音の高低に注意を払って何度も練習すれば音を当てられるようになるでしょう。

4.3　ゲームの改良

作成した音当てゲームをもっと使いやすいように改良してみましょう。

音程の英語表記

　4.2節「音当てゲーム」で作成した音当てゲームは、音の高さをいちいち「ド」とか「ソ」などの日本語で入力しなければならないので、不便です。表4.2「音あてプログラムの音の高さ」に示した英表記の音高で入力できれば、「ド」の代わりに「C3」、「ソ」の代わりに「G3」などと英数文字で入力できるだけでなく、基準音とした「ド」の1オクターブ上の音を「C4」という表現で表すことができます。

　そこで、この英語による音高の表記を追加します。

```
note = ('ド','レ','ミ','ファ','ソ','ラ','シ','ド')
notee = ('C3','D3','E3','F3','G3','A3','B3','C4')
```

そして、「ド、レ、ミ、...」でも「C、D、E、...」でも正誤を判定できるようにします。

```python
    if note[c] == x or x.upper() == notee[c]:
        print('正解')
        n = n + 1
    else :
        print('間違い:正解は', note[c])

    return n
```

upper() は文字や文字列の中の小文字を大文字に変換するメソッドです。ここでは音の高さが x に小文字で入力された場合に大文字に変換されるようにし、文字列を大文字で比較します。こうすることで、ゲーマーが大文字で入力しても小文字で入力してもプレイできるようになります。

このようにして改良したプログラム全体を以下に示します。

リスト4.13●eartrain1.py

```python
# eartrain1.py
# -*- coding:UTF-8 -*-
import platform
import random
from time import sleep   # sleep() 呼び出し用

if platform.system() == 'Windows' :
    import winsound
else :
    import os

freq = (260, 294, 330, 349, 392, 440, 494, 523)
note = ('ド','レ','ミ','ファ','ソ','ラ','シ','ド')
notee = ('C3','D3','E3','F3','G3','A3','B3','C4')

def playnote(n) :
    if platform.system() == 'Windows' :
        winsound.Beep(freq[n], 1000)
    else :
        os.system('play -n synth 1 sin %s > /dev/null 2>&1' % (freq[n]))

def play(i, n) :
```

```
        print('基準となるド(C3)を鳴らします。')
        playnote(0)

        sleep(0.5)   # 0.5秒待つ

        # 出題する
        c = random.randint(0, 7)
        playnote(c)

        x = input('鳴った音は？（ド=C3,レ=D3,ミ=E3...ド=C4) ==> ')

        if note[c] == x or x.upper() == notee[c]:
            print('正解')
            n = n + 1
        else :
            print('間違い:正解は', note[c])

        return n

point = 0
random.seed()

# メインループ
for i in range(10):   # 10回繰り返す
    point = play(i, point)

print('正解率は : ' + str(point * 10.0) + '%')
```

再出題

問題の音をもう一度聴いてみたいという場合もあるでしょう。
そこで、ゲーマーに答えを入力するように促すプロンプトを次のようにしましょう。

```
鳴った音は？（ド=C3,レ=D3,ミ=E3...ド=C4、再聴=r) ==>
```

プログラムコードは次のように変えます。

```
x = input('鳴った音は？（ド=C3,レ=D3,ミ=E3...ド=C4、再聴=r) ==> ')
```

第4章 音当てゲーム

そして、xが「r」または「R」でなかったら終了し、そうでなければ繰り返すwhileループを作って、xが「r」または「R」だったら同じ音を再び鳴らします。

```
while (True) :
    ⋮
    出題
    ⋮
    x = input('鳴った音は？（ド=C3,レ=D3,ミ=E3...ド=C4、再聴=r）==> ')
    if x.upper() != 'R' :
        正誤を判定する
        break          # whileループを抜ける（次の問題を出題することになる）
```

このとき、鳴らす音を変数 c に保存しておきます。そのための変数を使っておきます（これは変数を使うことの宣言です）。

```
    c = 0

    while (True) :

        print('基準となるド(C3)を鳴らします。')
        playnote(0)

        sleep(0.5)   # 0.5秒待つ

        # 出題する
        if x.upper() != 'R' :
            c = random.randint(0, 7)
        playnote(c)

        x = input('鳴った音は？（ド=C3,レ=D3,ミ=E3...ド=C4、再聴=r）==> ')
        if x.upper() != 'R' :
            if note[c] == x or x.upper() == notee[c]:
                print('正解')
                n = n + 1
            else :
                print('間違い:正解は', note[c])

            break
```

このように最初に変数を使っておかないと、「c = random.randint(0, 7)」で変数が初

期化されてしまい、ループの間、c の値が保存されません。

　こうして作ったプログラム全体を以下に示します。

リスト4.14●eartrain2.py

```
# eartrain2.py
# -*- coding:UTF-8 -*-
import platform
import random
from time import sleep   # sleep() 呼び出し用

if platform.system() == 'Windows' :
    import winsound
else :
    import os

freq = (260, 294, 330, 349, 392, 440, 494, 523)
note = ('ド','レ','ミ','ファ','ソ','ラ','シ','ド')
notee = ('C3','D3','E3','F3','G3','A3','B3','C4')

def playnote(n) :
    if platform.system() == 'Windows' :
        winsound.Beep(freq[n], 1000)
    else :
        os.system('play -n synth 1 sin %s > /dev/null 2>&1' % (freq[n]))

def play(i, n) :

    c = 0
    x = '99'

    while (True) :

        print('基準となるド(C3)を鳴らします。')
        playnote(0)

        sleep(0.5)   # 0.5秒待つ

        # 出題する
        if x.upper() != 'R' :
            c = random.randint(0, 7)
        playnote(c)
```

```
            x = input('鳴った音は？（ド=C3,レ=D3,ミ=E3...ド=C4、再聴=r) ==> ')
            if x.upper() != 'R' :
                if note[c] == x or x.upper() == notee[c]:
                    print('正解')
                    n = n + 1
                else :
                    print('間違い:正解は', note[c])

                break

    return n

point = 0
random.seed()

# メインループ
for i in range(10):   # 10回繰り返す
    point = play(i, point)

print('正解率は : ' + str(point * 10.0) + '%')
```

練習問題

■4.1

基準音をラ（A3）に変更してください。

■4.2

出題範囲を2オクターブ（C3〜C5）にしてください。

■4.3

同じ音が続けて二度出題されないようにしてください。

第 5 章

GUI プログラミング

ここでは、Python で簡単な GUI アプリを作成する方法を紹介します。

5.1 GUI プログラミング

　PythonのGUIプログラミングの方法は数種類あります。ここではPythonに標準で付属しているTkというツールキットを使います。Tkを使ったGUIアプリの詳細な作成方法は本書の範囲を超えるので、本書では基本的な構成のGUIアプリの作り方を解説するにとどめます。
　なお、この章の概念は第6章以降の「イベント駆動型」と呼ばれるプログラミングを理解するための基礎となります。

GUIアプリの構造

　第4章までで作成したプログラムは、数値を含むさまざまな文字列を入力したり出力したりするプログラムでした。そのようなプログラムをCUIアプリといいます。
　それに対して、ウィンドウを使うアプリをGUIアプリといいます。
　GUIアプリはこれまでのプログラム（スクリプト）とは少し異なる考え方で作成します。その中心となるのが、アプリのイベントメッセージを処理するメインループです。
　GUIアプリは、ウィンドウを作成する準備ができてウィンドウが表示されると、ウィンドウに送られるイベントメッセージを待ち続けます。イベントとは、マウスのクリックであったり、ユーザーから入力であったり、あるいは他のプログラムからの要求であったりしますが、いずれにしてもアプリのイベントメッセージを処理するメインループがイベントを待ち続けます。

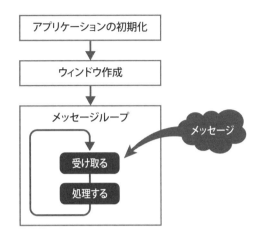

図5.7●GUIアプリの構造

　従って、アプリを終了するためのメッセージが送られない限り、プログラムが終了することもありません（CUI アプリは、無限ループがない限り、プログラムの最後のコードを実行すると終了します）。

　CUI アプリと GUI アプリはこのように動作が異なりますが、プログラミングする立場からいえば、アプリがメッセージを受け取って、それに対応した動作をするようにコードを記述することで、GUI アプリを作成できます。

　　イベントの発生を待ってそれを処理するという考え方でプログラミングすることを、イベント駆動型プログラミングともいいます。この考え方は、Tk を利用するプログラミングだけでなく、第 6 章以降で説明する pygame というモジュールを使った GUI ベースのプログラミングでも使われています。

ウィンドウの作成

最初に、何もない（空の）ウィンドウを作成してみましょう。

まず、Tk を利用するために tkinter というモジュールをインポートします。

```
import tkinter
```

次に、メインウィンドウを表す MainWindow クラスを作成します。

Python のクラスは、性質や動作を伴う複雑なものを 1 つのものとして扱うことで、容易に扱えるようにするためのものです。ここではウィンドウというものを 1 つのオブジェクトとして扱うことで、複雑なことを単純に扱えるようにします。

> もしクラスを使わない場合、たとえば、ウィンドウの幅や高さ、背景色、タイトルバーの文字などの値（属性）と、ウィンドウを表示したりウィンドウの位置を変更できるようにするなどの動作をすべて細かく定義しなければなりません。しかし、一般的な「ウィンドウ」というものがあるものとして、そのプログラム固有のことだけを記述できるようにすれば、とても単純になります。このときの、一般的な「ウィンドウ」は 1 つのひな型としてあらかじめ用意されているものを使い、それを継承する（それから派生する）ものを定義することで、特定の目的のためのウィンドウを容易に扱うことができます。

ここでは、MainWindow クラスは、tkinter.Frame を継承するクラスとして定義します。これは典型的には次のように記述します（この段階では 1 つのパターンとして認識しておけば十分です）。

```
class MainWindow(tkinter.Frame):
    def __init__(self, parent):
        super(MainWindow, self).__init__(parent)
        self.parent = parent
        self.grid(row=0, column=0)
```

__init__() はこのクラスの初期化関数で、次のような作業を行います。

- スーパークラス（親クラス、すなわち一般的な「ウィンドウ」を表すクラス）の __init__() を呼び出します。
- 親クラスを設定します。
- いろいろなコンポーネントを配置するためのレイアウトマネージャとしてgrid（グリッド）マネージャーを設定します。ただし、このプログラムではコンポーネントをウィンドウ内部にレイアウトはしません。あとのサンプルで使います。

また、プログラムが正常に終了できるように、MainWindowクラスの中にメソッドquit()を作成しておきます。

```
    def quit(self, event=None):
        self.parent.destroy()
```

application（アプリ）オブジェクトは次のようにして作成します。

```
application = tkinter.Tk()
```

ウィンドウにタイトルを付けたければ、次のようにします。

```
application.title('simplewnd')
```

これでwindow（ウィンドウ）オブジェクトを作成する準備ができました。

```
window = MainWindow(application)
```

アプリが終了するときにはWM_DELETE_WINDOWというメッセージがウィンドウに送られるので、先ほど定義したquit()を呼び出すように設定します。

```
application.protocol('WM_DELETE_WINDOW', window.quit)
```

そして、アプリのメインループを呼び出します。

```
application.mainloop()
```

プログラム全体は次のようになります。GUIアプリのファイルは拡張子を.pywにすること

になっているので注意してください。

リスト5.15●simplewnd.pyw

```
# simplewnd.pyw          これはファイル名を示すコメントです。
import tkinter

class MainWindow(tkinter.Frame):
    def __init__(self, parent):
        super(MainWindow, self). __init__(parent)
        self.parent = parent

    def quit(self, event=None):
        self.parent.destroy()

application = tkinter.Tk()
application.title('simplewnd')
window = MainWindow(application)
application.protocol('WM_DELETE_WINDOW', window.quit)

application.mainloop()
```

このファイルを「C:\PythonGame\Ch05」に保存したものと仮定すると、実行するには次のようにします(Windowsの例です)。

```
Microsoft Windows [Version 5.0.17135.48]
(c) 2018 Microsoft Corporation. All rights reserved.

C:\Users\notes>cd \PythonGame

C:\PythonGame>cd ch05

C:\PythonGame\Ch05>python simplewnd.pyw
```

図5.8●simplewndの実行例

この単純なプログラムを終了するには、クローズボタンをクリックします。

×

図5.9●クローズボタン

このアプリはLinuxなどUNIX系OSでもそのまま動作します。

5.2 ダイアログベースのアプリ

次に、メニューのない、ダイアログボックスベースのアプリを作成してみましょう。

BMIアプリ

ここで作成するプログラムは、BMI（Body Mass Index、肥満の程度を表す数）を計算して、BMIの値を表示するプログラムです。BMIは次の式で計算します。

$$\text{BMI} = \frac{体重（kg）}{身長（m）\times 身長（m）}$$

完成したプログラムのイメージを先に示します。

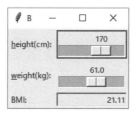

図5.10●BMIアプリ

図5.4のように、「height(cm)」（身長）および「weight(kg)」（体重）というテキストと、2個のスライドする値ボックス、そして「bmi:」というテキストと計算結果であるBMI値をウィンドウの左下に表示します。

このようなダイアログベースのアプリを作成するときには、プログラムの部品であるウィジェット（Widget）を使って作ります。ここで使うウィジェットは、実数値とスライドバーを表示する`DoubleVar`、結果を表示する`StringVar`、文字列を表示する`Label`です。

BMI アプリのコード

最初に、tkinter をインポートします。

```
import tkinter
```

tkinter をたびたび使う場合には、次のようにしてインポートすると、Tk という省略した名前で指定することができます。

```
import tkinter as Tk
```

次に、メインウィンドウのクラス MainWindow を定義します。このクラスの定義の最初の部分は simplewnd.pyw と本質的に同じです。

```
class MainWindow(tkinter.Frame):

    def __init__(self, parent):
        super(MainWindow, self).__init__(parent)
        self.parent = parent
```

そのあとに、ウィジェットをレイアウト（配置）するためにレイアウトマネージャというものを使います。ここでは Grid レイアウトマネージャを使うことにします。

```
        self.grid(row=0, column=0)
```

次に、プログラムで使う変数を定義します。ここでは height と weight を DoubleVar というオブジェクトの値として定義し、それぞれの初期値を 170 と 50 に設定します。

```
        self.height = tkinter.DoubleVar()
        self.height.set(170.0)
        self.weight = tkinter.DoubleVar()
        self.weight.set(50.0)
```

また、結果を表示するために bmi という変数を StringVar オブジェクトの値として定義します。

```
        self.bmi = tkinter.StringVar()
```

次に実際にウィジェット（プログラムの部品、コンポーネント）を作成します。このプログラムでは Label と Scale という 2 種類のウィジェットを使います。

```
        heightLabel = tkinter.Label(self, text="height(cm):", anchor=tkinter.W,
            underline=0)
        heightScale=tkinter.Scale(self,variable=self.height,
            command=self.updateUi, from_=100, to=200, resolution=1,
            orient=tkinter.HORIZONTAL)
        weightLabel = tkinter.Label(self, text="weight(kg):", underline=0,
            anchor=tkinter.W)
        weightScale = tkinter.Scale(self, variable=self.weight,
            command = self.updateUi, from_=1, to=100, resolution=0.25,
            orient=tkinter.HORIZONTAL)
        bmiLabel = tkinter.Label(self, text="BMI:", anchor=tkinter.W)
        actualbmiLabel = tkinter.Label(self, textvariable=self.bmi,
            relief=tkinter.SUNKEN, anchor=tkinter.E)
```

ここで、anchor プロパティは、ウィジェットを配置するときの配置する位置を示します。たとえば、「anchor=tkinter.W」は西側（West）に接するようにコンポーネントを配置します。

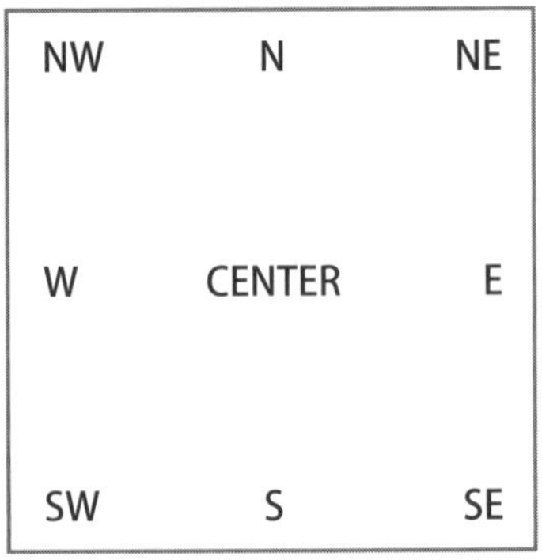

```
NW    N     NE

W    CENTER  E

SW    S     SE
```

図5.11●anchorプロパティと配置の位置

Scaleコンポーネントのcommandプロパティはこれを操作したときのコマンドを表します。この場合の「command=self.updateUi」はScaleコンポーネントが操作されたときに関数updateUiを呼び出すようにします。

次にコンポーネントをレイアウトします。

レイアウトはグリッドでrow（縦の段の位置）とcolumn（横方向右からの位置）を指定します。

```
# Layout
heightLabel.grid(row=0, column=0, padx=2, pady=2, sticky=tkinter.W)
heightScale.grid(row=0, column=1, padx=2, pady=2, sticky=tkinter.EW)
weightLabel.grid(row=1, column=0, padx=2, pady=2, sticky=tkinter.W)
weightScale.grid(row=1, column=1, padx=2, pady=2, sticky=tkinter.EW)
bmiLabel.grid(row=2, column=0, padx=2, pady=2, sticky=tkinter.W)
actualbmiLabel.grid(row=2, column=1, padx=2, pady=2, sticky=tkinter.EW)
```

なお、gridに指定可能なプロパティは次の通りです。

表5.6●gridのプロパティ

プロパティ	説明
column	配置する列
columnspan	何列にわたって配置するかを指定する（デフォルトは1）。
padx	外側の横の隙間。
pady	外側の縦の隙間。
ipadx	内側の横の隙間。
ipady	内側の縦の隙間。
row	配置する行。
rowspan	何行にわたって配置するかを指定する（デフォルトは1）。
sticky	配置方法と引き延ばし。値はanchorと同じ。引き伸ばす場合には値を+で複数指定する。

stickyでウィジェットを引き伸ばす方法を指定するときには、左右に引き伸ばす場合はsticky=Tk.W + Tk.E、上下に引き伸ばす場合にはsticky=Tk.N + Tk.S、全体に引き伸ばす場合にはsticky=Tk.W + Tk.E + Tk.N + Tk.Sを指定します。

ウィジェットを配置したら、身長（heightScale）にフォーカスを設定し、BMIの計算を行うメソッドupdateUi()を呼び出します（updateUi()はあとで作成します）。

```
heightScale.focus_set()
self.updateUi()
```

キーボードでもフォーカスを移動できるようにキーバインドを設定しますが、これはオプション（任意）です。

```
        parent.bind("<Alt-p>", lambda *ignore: heightScale.focus_set())
        parent.bind("<Alt-r>", lambda *ignore: weightScale.focus_set())
        parent.bind("<Alt-y>", lambda *ignore: yearScale.focus_set())
        parent.bind("<Alt-q>", lambda *ignore: self.quit)
```

BMIの計算を行うメソッドupdateUi()は、単純な計算式ですが、結果が小数点以下2桁で表示されるように「self.bmi.set("{0:.2f}".format(bmi))」で書式を指定します。

```
    def updateUi(self, *ignore):
        bmi = (self.weight.get()*10000.0) / (self.height.get()
                                             * self.height.get())
        self.bmi.set("{0:.2f}".format(bmi))
```

プログラムを終了するquit()は、simplewnd.pywと同じです。

```
    def quit(self, event=None):
        self.parent.destroy()
```

アプリを作成して実行する部分も、本質的にsimplewnd.pywと同じです。

```
application = tkinter.Tk()
application.title('bmi')
window = MainWindow(application)
application.protocol('WM_DELETE_WINDOW', window.quit)
application.mainloop()
```

プログラム全体は次のようになります。

リスト5.16●bmi.pyw

```
# bmi.pyw
import tkinter

class MainWindow(tkinter.Frame):

    def __init__(self, parent):
```

```python
        super(MainWindow, self).__init__(parent)
        self.parent = parent
        self.grid(row=0, column=0)
        self.height = tkinter.DoubleVar()
        self.height.set(170.0)
        self.weight = tkinter.DoubleVar()
        self.weight.set(610)
        self.bmi = tkinter.StringVar()
        # Widgets
        heightLabel = tkinter.Label(self, text="height(cm):", anchor=tkinter.W,
            underline=0)
        heightScale=tkinter.Scale(self, variable=self.height,
            command=self.updateUi, from_=100, to=200, resolution=1,
            orient=tkinter.HORIZONTAL)
        weightLabel = tkinter.Label(self, text="weight(kg):", underline=0,
            anchor=tkinter.W)
        weightScale = tkinter.Scale(self, variable=self.weight,
            command = self.updateUi, from_=1, to=100, resolution=0.25,
            orient=tkinter.HORIZONTAL)
        bmiLabel = tkinter.Label(self, text="BMI:", anchor=tkinter.W)
        actualbmiLabel = tkinter.Label(self, textvariable=self.bmi,
            relief=tkinter.SUNKEN, anchor=tkinter.E)
        # Layout
        heightLabel.grid(row=0, column=0, padx=2, pady=2, sticky=tkinter.W)
        heightScale.grid(row=0, column=1, padx=2, pady=2, sticky=tkinter.EW)
        weightLabel.grid(row=1, column=0, padx=2, pady=2, sticky=tkinter.W)
        weightScale.grid(row=1, column=1, padx=2, pady=2, sticky=tkinter.EW)
        bmiLabel.grid(row=2, column=0, padx=2, pady=2, sticky=tkinter.W)
        actualbmiLabel.grid(row=2, column=1, padx=2, pady=2, sticky=tkinter.EW)
        # initialize
        heightScale.focus_set()
        self.updateUi()
        # key-bind
        parent.bind("<Alt-p>", lambda *ignore: heightScale.focus_set())
        parent.bind("<Alt-r>", lambda *ignore: weightScale.focus_set())
        parent.bind("<Alt-y>", lambda *ignore: yearScale.focus_set())
        parent.bind("<Alt-q>", lambda *ignore: self.quit)

    def updateUi(self, *ignore):
        bmi = (self.weight.get()*10000.0) / (self.height.get()
                                            * self.height.get())
        self.bmi.set("{0:.2f}".format(bmi))
```

```
    def quit(self, event=None):
        self.parent.destroy()

application = tkinter.Tk()
application.title('BMI')
window = MainWindow(application)
application.protocol('WM_DELETE_WINDOW', window.quit)
application.mainloop()
```

5.3 4択クイズ

ここでは、4択のクイズアプリを作ります。

作成するアプリ

ここで作成するゲームは、4つの選択肢から1つを選ぶアプリです。
実行時の状態を次の図に示します。

図5.12●quiz0（quizの最初のバージョン）の実行例

このプログラムは、最初は1問だけ出題できるようにして、あとで複数の問題を続けて出題できるようにします。そのため、最初の状態のプログラムには必ずしも必要ないものの、あとの拡張を考えると付けておいたほうが良い機能やコードを最初から用意します。

▍プログラムコード

このアプリでは、あとで改良することを考慮して、次のようなウィジェットで構成します。

表5.7●quiz0のコンポーネント

種類	名前	テキスト
Button	StartButton	"スタート"
Label	QuestionLabel	"問題"
Button	btn0	"btn0"
Button	btn1	"btn1"
Button	btn2	"btn2"
Button	btn3	"btn3"
Label	StatusLabel	"Status"

これらのウィジェットを作って配置するコードは次の通りです。

```
# Widgets
self.StartButton = Tk.Button(self,text="スタート", width=32,
    anchor=Tk.CENTER, command=self.startBtn_clicked)
self.QuestionLabel = Tk.Label(self, text="問題", anchor=Tk.CENTER)
self.btn0 = Tk.Button(self,text="btn0", width=8, anchor=Tk.CENTER,
    command=self.btn0_clicked)
self.btn1 = Tk.Button(self,text="btn1", width=8, anchor=Tk.CENTER,
    command=self.btn1_clicked)
self.btn2 = Tk.Button(self,text="btn2", width=8, anchor=Tk.CENTER,
    command=self.btn2_clicked)
self.btn3 = Tk.Button(self,text="btn3", width=8, anchor=Tk.CENTER,
    command=self.btn3_clicked)
self.StatusLabel = Tk.Label(self, text="Status", relief=Tk.SUNKEN,
    anchor=Tk.CENTER)
# Layout
self.StartButton.grid(row=0, column=0, padx=2, pady=2, columnspan=4,
    sticky=Tk.W + Tk.E)
self.QuestionLabel.grid(row=1, column=0, padx=2, pady=2,columnspan=4)
self.btn0.grid(row=2, column=0, padx=2, pady=2)
self.btn1.grid(row=2, column=1, padx=2, pady=2)
self.btn2.grid(row=2, column=2, padx=2, pady=2)
self.btn3.grid(row=2, column=3, padx=2, pady=2)
self.StatusLabel.grid(row=3, column=0, padx=2, pady=2,columnspan=4,
    sticky=Tk.W + Tk.E)
```

ここで、Tk は tkinter モジュールの省略した名前（別名）です。

モジュールをインポートする際に次のようにして別名を付けることで、省略した名前を使うことができます。

```
import tkinter as Tk
```

プログラムの先頭のほうでは、このアプリで使うデータを定義します。

このとき、data は Tuple（タプル）として定義します（Tuple は複数の要素を持つ変更できないオブジェクトです）。

```
data = ("止まれの信号は？","青","黄色","赤","白",2)
```

data[0] には問題文の文字列を、data[1] ～ data[4] には選択肢の文字列を、data[5] には正解の番号（整数）を保存します。

［スタート］ボタンがクリックされたら、そのことをステータスバーに表示してから、出題します。出題は関数 question() を呼び出して行うことにします。

```
def startBtn_clicked(self, *ignore):
    self.StatusLabel.configure(text="Start Clicked")
    self.question()
```

関数 question() では次のようにしてラベルやボタンに情報（問題や選択肢）を表示します。

```
def question(self):
    self.QuestionLabel.configure(text=self.data[0])
    self.btn0.configure(text=self.data[1])
    self.btn1.configure(text=self.data[2])
    self.btn2.configure(text=self.data[3])
    self.btn3.configure(text=self.data[4])
```

解答するためのボタンがクリックされたら、解答が正しいかどうか判断するための関数 judge() を呼び出します。

```
def btn0_clicked(self, *ignore):
    self.judge(0)
        ⋮
```

```
def btn3_clicked(self, *ignore):
    self.judge(3)
```

解答が正しいかどうか判断する関数judge()では、data[5]と押されたボタンの番号が正しければ正解、そうでなければ不正解と判断します。

```
def judge(self, n) :
    if self.data[5]==n :
        self.StatusLabel.configure(text="正解")
    else :
        self.StatusLabel.configure(text="間違い")
```

プログラム全体は次のようになります。

リスト5.17●quiz0.py

```
# quiz0.pyw
import tkinter as Tk

class MainWindow(Tk.Frame):

    data = ("止まれの信号は？","青","黄色","赤","白",2)

    def __init__(self, parent):
        super(MainWindow, self).__init__(parent)
        self.parent = parent
        self.grid(row=4, column=4)
        self.width=150
        # variables
        self.nq = Tk.IntVar
        self.nq  = 0
        # Widgets
        self.StartButton = Tk.Button(self,text="スタート", width=32,
            anchor=Tk.CENTER, command=self.startBtn_clicked)
        self.QuestionLabel = Tk.Label(self, text="問題", anchor=Tk.CENTER)
        self.btn0 = Tk.Button(self,text="btn0", width=8, anchor=Tk.CENTER,
            command=self.btn0_clicked)
        self.btn1 = Tk.Button(self,text="btn1", width=8, anchor=Tk.CENTER,
            command=self.btn1_clicked)
        self.btn2 = Tk.Button(self,text="btn2", width=8, anchor=Tk.CENTER,
            command=self.btn2_clicked)
```

```python
            self.btn3 = Tk.Button(self,text="btn3", width=8, anchor=Tk.CENTER,
                command=self.btn3_clicked)
            self.StatusLabel = Tk.Label(self, text="Status", relief=Tk.SUNKEN,
                anchor=Tk.CENTER)
            # Layout
            self.StartButton.grid(row=0, column=0, padx=2, pady=2, columnspan=4,
                sticky=Tk.W + Tk.E)
            self.QuestionLabel.grid(row=1, column=0, padx=2, pady=2,columnspan=4)
            self.btn0.grid(row=2, column=0, padx=2, pady=2)
            self.btn1.grid(row=2, column=1, padx=2, pady=2)
            self.btn2.grid(row=2, column=2, padx=2, pady=2)
            self.btn3.grid(row=2, column=3, padx=2, pady=2)
            self.StatusLabel.grid(row=3, column=0, padx=2, pady=2,columnspan=4,
                sticky=Tk.W + Tk.E)
            # initialize
            self.StartButton.focus_set()
            # key-bind
            parent.bind("<Alt-p>", lambda *ignore: self.btn0.focus_set())
            parent.bind("<Alt-r>", lambda *ignore: self.btn1.focus_set())
            parent.bind("<Alt-y>", lambda *ignore: self.btn3.focus_set())
            parent.bind("<Alt-q>", lambda *ignore: self.quit)

      def startBtn_clicked(self, *ignore):
            self.StatusLabel.configure(text="Start Clicked")
            self.question()

      def btn0_clicked(self, *ignore):
            self.judge(0)

      def btn1_clicked(self, *ignore):
            self.judge(1)

      def btn2_clicked(self, *ignore):
            self.judge(2)

      def btn3_clicked(self, *ignore):
            self.judge(3)

      def judge(self, n) :
            if self.data[5]==n :
                self.StatusLabel.configure(text="正解")
            else :
```

```
            self.StatusLabel.configure(text="間違い")

    def question(self):
        self.QuestionLabel.configure(text=self.data[0])
        self.btn0.configure(text=self.data[1])
        self.btn1.configure(text=self.data[2])
        self.btn2.configure(text=self.data[3])
        self.btn3.configure(text=self.data[4])

    def quit(self, event=None):
        self.parent.destroy()

application = Tk.Tk()
application.title('quiz')
window = MainWindow(application)
application.protocol('WM_DELETE_WINDOW', window.quit)
application.mainloop()
```

プログラムの改良

　問題が1問だけではつまらないので、複数の問題を続けて出せるようにしてみましょう。さらに、正解数をカウントして、最後に得点（ポイント）を表示できるようにします。

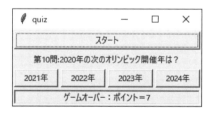

図5.13●quizの実行例

　まず問題のデータを追加します。このとき、data は Tuple の Tuple にします（Tuple を要素とする Tuple にします）。

```
data = (("止まれの信号は？","青","黄色","赤","白",2),
       ("日本の首都は？","札幌","東京","名古屋","大阪",1),
```

```
    ("免許が必要ない乗り物は？","グライダー","電動自転車","トライク","公道カート",1),
    ("ワルツは何拍子？","2拍子","3拍子","4拍子","6/8拍子",1),
    ("2番目に硬いものは？","ダイヤモンド","木材","鉄","ガラス",3),
    ("麺類でないものは？","チャーハン","わんたん麺","ラーメン","うどん",0),
    ("イギリスの通貨は？","ドル","ユーロ","ポンド","ペソ",2),
    ("そらを飛ばないものは？","野菜炒め","飛行機","飛行船","潜水艦",3),
    ("パソコンの略は？","AC","BC","DC","PC",3),
    ("2020年の次のオリンピック開催年は？","2021年","2022年","2023年","2024年",3))
```

問題や選択肢を表すときには、data を Tuple の Tuple にしたのに合わせて、2 次元配列であるかのようにして表します。

たとえば、n 番目の問題の出題文は data[n][0] で、選択肢 1 は data[n][1] で表されます。

現在の問題番号が nq という変数に入っているとすると、問題を表示するコードも次のように書き換えます。

```
def question(self, n):
    self.QuestionLabel.configure(text="第" + str(n+1) + "問:"
                                      + self.data[self.nq][0])
    self.btn0.configure(text=self.data[self.nq][1])
    self.btn1.configure(text=self.data[self.nq][2])
    self.btn2.configure(text=self.data[self.nq][3])
    self.btn3.configure(text=self.data[self.nq][4])
```

変数 nq は def __init__(self, parent): の中で次のように定義しておきます。

```
    # Variables
    self.nq = Tk.IntVar
    self.nq  = 0
```

Tk.IntVar は整数の変数であることを表します。

［スタート］ボタンがクリックされたときに question() を呼び出すことは同じですが、さらに、次の問題を出題するために、正誤判定の judge() でも question() を呼び出すようにします。ただし、question() を呼び出すのはゲームオーバーにならない場合だけで、ゲームオーバーになった場合は得点を表示します。

```
def judge(self, a) :
    global point
    if (self.data[self.nq][5]==a) :
        point += 1
        self.StatusLabel.configure(text="正解")
    else :
        self.StatusLabel.configure(text="間違い")

    self.nq += 1

    if (self.nq == 10) :
        self.StatusLabel.configure(text="ゲームオーバー：ポイント="+str(point))
        self.nq = 0
        point = 0
    else :
        self.question(self.nq)
```

ゲームオーバーという言葉は、ゲームに失敗して終わることを意味することがありますが、本来の意味は「ゲームが終わる」という意味です。

　問題の回答を間違えたときには、そのことを示す音を鳴らすようにしましょう。これには第4章で説明したコードを利用します。

```
def judge(self, a) :
    global point
    if (self.data[self.nq][5]==a) :
        point += 1
        self.StatusLabel.configure(text="正解")
    else :
        self.StatusLabel.configure(text="間違い")
        self.errorbeep()            #エラーの際に音を鳴らす
         ⋮

#エラーの際に音を鳴らす関数
def errorbeep(self) :
    if platform.system() == 'Windows' :
        winsound.Beep(440, 500)
```

```
        else :
            os.system('play -n synth 0.5 sin 440 > /dev/null 2>&1')
```

プログラム全体は次のようになります。

リスト5.18●quiz.pyw

```
# quiz.pyw
import tkinter as Tk
import platform

if platform.system() == 'Windows' :
    import winsound
else :
    import os

class MainWindow(Tk.Frame):

    point = 0
    data = (("止まれの信号は？","青","黄色","赤","白",2),
    ("日本の首都は？","札幌","東京","名古屋","大阪",1),
    ("免許が必要ない乗り物は？","グライダー","電動自転車","トライク","公道カート",1),
    ("ワルツは何拍子？","2拍子","3拍子","4拍子","6/8拍子",1),
    ("2番目に硬いものは？","ダイヤモンド","木材","鉄","ガラス",3),
    ("麺類でないものは？","チャーハン","わんたん麺","ラーメン","うどん",0),
    ("イギリスの通貨は？","ドル","ユーロ","ポンド","ペソ",2),
    ("そらを飛ばないものは？","野菜炒め","飛行機","飛行船","潜水艦",3),
    ("パソコンの略は？","AC","BC","DC","PC",3),
    ("2020年の次のオリンピック開催年は？","2021年","2022年","2023年","2024年",3))

    def __init__(self, parent):
        super(MainWindow, self).__init__(parent)
        self.parent = parent
        self.grid(row=4, column=4)
        self.width=150
        # Variables
        self.nq = Tk.IntVar
        self.nq  = 0
        # Widgets
        self.StartButton = Tk.Button(self,text="スタート", width=32,
            anchor=Tk.CENTER,command=self.startBtn_clicked)
        self.QuestionLabel = Tk.Label(self, text="問題", anchor=Tk.CENTER)
```

```python
        self.btn0 = Tk.Button(self,text="btn0", width=8, anchor=Tk.CENTER,
            command=self.btn0_clicked)
        self.btn1 = Tk.Button(self,text="btn1", width=8, anchor=Tk.CENTER,
            command=self.btn1_clicked)
        self.btn2 = Tk.Button(self,text="btn2", width=8, anchor=Tk.CENTER,
            command=self.btn2_clicked)
        self.btn3 = Tk.Button(self,text="btn3", width=8, anchor=Tk.CENTER,
            command=self.btn3_clicked)
        self.StatusLabel = Tk.Label(self, text="Status", relief=Tk.SUNKEN,
            anchor=Tk.CENTER)
        # Layout
        self.StartButton.grid(row=0, column=0, padx=2, pady=2, columnspan=4,
            sticky=Tk.W + Tk.E)
        self.QuestionLabel.grid(row=1, column=0, padx=2, pady=2,columnspan=4)
        self.btn0.grid(row=2, column=0, padx=2, pady=2)
        self.btn1.grid(row=2, column=1, padx=2, pady=2)
        self.btn2.grid(row=2, column=2, padx=2, pady=2)
        self.btn3.grid(row=2, column=3, padx=2, pady=2)
        self.StatusLabel.grid(row=3, column=0, padx=2, pady=2,columnspan=4,
            sticky=Tk.W + Tk.E)
        # initialize
        self.StartButton.focus_set()
        # key-bind
        parent.bind("<Alt-p>", lambda *ignore: self.btn0.focus_set())
        parent.bind("<Alt-r>", lambda *ignore: self.btn1.focus_set())
        parent.bind("<Alt-y>", lambda *ignore: self.btn3.focus_set())
        parent.bind("<Alt-q>", lambda *ignore: self.quit)

    def startBtn_clicked(self, *ignore):
        self.StatusLabel.configure(text="Start Clicked")
        global point
        point = 0
        self.nq = 0
        self.question(0)

    def question(self, n):
        self.QuestionLabel.configure(text="第" + str(n+1) + "問:"
                                        + self.data[self.nq][0])
        self.btn0.configure(text=self.data[self.nq][1])
        self.btn1.configure(text=self.data[self.nq][2])
        self.btn2.configure(text=self.data[self.nq][3])
        self.btn3.configure(text=self.data[self.nq][4])
```

```python
    def btn0_clicked(self, *ignore):
        self.judge(0)

    def btn1_clicked(self, *ignore):
        self.judge(1)

    def btn2_clicked(self, *ignore):
        self.judge(2)

    def btn3_clicked(self, *ignore):
        self.judge(3)

    def judge(self, a) :
        global point
        if (self.data[self.nq][5]==a) :
            point += 1
            self.StatusLabel.configure(text="正解")
        else :
            self.StatusLabel.configure(text="間違い")
            self.errorbeep()

        self.nq += 1

        if (self.nq == 10) :
            self.StatusLabel.configure(text="ゲームオーバー：ポイント=" + str(point))
            self.nq = 0
            point = 0
        else :
            self.question(self.nq)

    def quit(self, event=None):
        self.parent.destroy()

    def errorbeep(self) :
        if platform.system() == 'Windows' :
            winsound.Beep(440, 500)
        else :
            os.system('play -n synth 0.5 sin 440 > /dev/null 2>&1')

application = Tk.Tk()
application.title('quiz')
```

```
window = MainWindow(application)
application.protocol('WM_DELETE_WINDOW', window.quit)
application.mainloop()
```

練習問題

■5.1
quiz0.pyw の問題文と解答を変更してください。

■5.2
quiz.pyw の問題文を増やしてください。

■5.3
［スタート］ボタンをクリックしてからゲームオーバーになるまでの時間を計って最後に表示してください。

第6章

pygame

ここでは、pygame というモジュールを使ってゲームを作成する方法の基礎を解説します。

6.1 ゲームのためのモジュール

モジュール pygame は、ゲームのプログラミングのために用意されている Python のモジュールです。

pygame

これまでのプログラムで、import 文を使ってインポートした random、time、winsound、os などは、それぞれ特定の機能を提供するためのモジュールでした。

Python には、ゲームを作成するときに役立つ、特定の目的のための一連の機能を提供するモジュールも多数提供されています。Python でゲームを作るための標準的なモジュールとしては、pygame が用意されています。

pygame が提供する主な機能は、ゲームには不可欠な、グラフィックスの描画、マウスやジョイスティックの操作の処理、サウンドに関連する処理などの機能です。これらの機能を総称してプログラミングではマルチメディア機能と呼びます。

通常、pygame は Python とは別にインストールする必要があります。pygame のインストールについては、付録 A「Python の使い方」の A.2 節「インストール」の「pygame のインストール」を参照してください。

pygame は SDL（Simple DirectMedia Layer）というマルチメディアライブラリ上に構築されています。

pygame には、トップレベルのモジュールである pygame と、いくつかのサブモジュールがあります。

トップレベルの pygame には、下記のような基本的なメソッドがあります。

表6.8 ● pygameのトップレベルのメソッド

メソッド	機能
pygame.init()	インポートしたすべての pygame モジュールを初期化する。
pygame.quit()	すべての pygame モジュールの初期化を解除する。
pygame.get_error()	最新エラーメッセージを取得する。

メソッド	機能
pygame.set_error()	最新エラーメッセージをセットする。
pygame.get_sdl_version()	SDLのバージョンを取得する。
pygame.get_sdl_byteorder()	SDLのバイトオーダーを取得する。
pygame.register_quit()	pygameを終了する時に実行する関数を登録する。

　トップレベルのpygameには、さらにpygame.errorというpygameの例外メッセージを表すもの、pygameのバージョン情報が含まれているモジュールであるpygame.versionもあります（その中に含まれているpygame.version.verは文字列のバージョン情報を、pygame.version.vernumはタプル型の数値のバージョン情報を表します）。
　Pygameで使うトップレベル変数は、ほとんどがpygame.localsという名前のモジュールで定義されています。

pygameのサブモジュール

　pygameにはたくさんのサブモジュールがあります。主なサブモジュールを表に示します。

表6.9●pygameの主なサブモジュール

名前	機能
Cdrom	音楽CDを操作するのに使うモジュール。
Cursors	カーソル表示に使用されるモジュール。
Display	ウィンドウ画面やスクリーンの制御を行うモジュール。
Draw	図形を描写するためのモジュール。
Event	イベントとイベントキューを操作するモジュール。
Font	フォントの読み込みと文字描写を行うためのモジュール。
Gfxdraw	SDL_gfxライブラリを使って図形を描写するためのモジュール。
Image	画像を変換するためのモジュール。
Joystick	ジョイスティック機器からの情報を利用するためのモジュール。
Key	キーボードの処理をするモジュール。
Locals	pygameで使う一連の定数が定義されているモジュール。
Mask	画像のマスク処理を行うためのモジュール。
Mixer	音声を読み込んで再生するためのモジュール。サブモジュールであるpygame.mixer.musicはストリーミング再生を操作するモジュール。
Mouse	マウスを利用するときに使うモジュール。
Movie	mpeg形式の動画を再生するためのモジュール。
Music	ストリーミング再生を操作するモジュール。
Overlay	ビデオオーバーレイの画像を操作するためのモジュール。

名前	機能
Scrap	クリップボードを使用するためのモジュール。
Sndarray	音声データを直接編集するためのモジュール。
Sprite	基本的なゲームオブジェクトクラスのモジュール。
Surfarray	配列を使用して、surfaceオブジェクトのピクセルデータを直接編集するモジュール。
Time	時間や実行管理をするためのタイマーに関するモジュール。
Transform	Surfaceの編集・加工を行うためのモジュール。

　たとえば、時間や実行管理をするためのタイマーに関するモジュールであるpygame.timeには、下記のような基本的なメソッドがあります。

表6.10●pygame.timeのメソッド

メソッド	機能
pygame.time.get_ticks()	ミリ秒単位で時間を取得する。
pygame.time.wait()	一定時間プログラムを停止する（delay()より不正確）。
pygame.time.delay()	一定時間プログラムを停止する（正確）。
pygame.time.set_timer()	一定の間隔でイベントキューにイベントを繰り返し発生させる。
pygame.time.Clock()	プログラム内の時間管理に役立つClockオブジェクトを作成する。

　その他にたくさんあるサブモジュールについて詳しくはpygameのドキュメントを参照してください。

ウィンドウの作成

　最初に、何もない（空の）pygameのウィンドウを作成してみましょう。ここで作るプログラムは、単にウィンドウが表示されて、ユーザーがEscキーを押すか、ウィンドウ右上にあるクローズボタン（[×]）をクリックしたらウィンドウが閉じてプログラムが終了するようにします。

　まず、pygameを利用するためにpygameというモジュールをインポートします。

```
import pygame
```

　また、プログラムを終了するときにsys.exit()を呼び出すので、sysモジュールをインポートします。

```
import sys
```

さらに、定数を使うので、次のようにして3つの定数 QUIT、KEYDOWN、K_ESCAPE を pygame.locals からインポートします。

```
from pygame.locals import QUIT, KEYDOWN, K_ESCAPE
```

 pygame.locals は pygame で使うさまざまな定数が定義されているモジュールです。

このプログラムで使うインポート文は全体で次のようになります。

```
import sys
import pygame
from pygame.locals import QUIT, KEYDOWN, K_ESCAPE
```

なお、「from pygame.locals import *」としてしまえば pygame.locals に含まれる定数をすべてインポートできるので、インポートする定数が多い時にこれを使うと便利です。

必要なものをインポートしたら、次に、メインウィンドウの関数 main() を作成します。

```
def main( ):
```

main() の最初で pygame に関連するすべてのモジュールを初期化します。

```
    pygame.init( )                      # pygameの初期化
```

次に、set_mode() を呼び出して画面を設定します。このとき、set_mode() の最初の引数として画面のサイズを横と縦の大きさを表す Tuple で指定します。

```
    pygame.display.set_mode((400, 300))  # ウィンドウの設定
```

set_mode() の引数には、さらにフラグと色の深さを指定できますが、ここでは省略します。

そして、ウィンドウの中に何かを描くためのサーフェスを作成します。このサーフェスがウィンドウの背景になります。

```
    surface = pygame.display.get_surface( )
```

デフォルトではサーフェスの色は黒なので、(R, G, B) で薄いグレーを指定して、ウィンドウの背景が薄いグレーになるようにします。

```
surface.fill((220, 220, 220))      # 背景を薄いグレーにする
```

(R, G, B) は赤（Red）、緑（Green）、青（Blue）の三原色で色を表現する方法で、各色の値は 0 ～ 255 の範囲で明るさを指定します。すべてが 0 の (0, 0, 0) ならば各要素の明るさはゼロなので真っ黒になり、すべてが 255 の (255, 255, 255) ならば色成分がすべて最大なので明るさも最大で白になり、赤だけが 255 の (255, 0, 0) ならば真っ赤になります。

これで準備ができたので、イベントメッセージを受け取って処理するメインループを作ります。メインループは次のようになります（内容はあとで説明します）。

```
while (True) :
    pygame.display.update( )      # 表示の更新
    # イベント処理
    for event in pygame.event.get( ):
        # ウィンドウのクローズボタンを押したとき
        if event.type == QUIT:
            pygame.quit( )
            sys.exit( )
        # キーを押したとき
        if event.type == KEYDOWN:
            # ESCキーなら終了
            if event.key == K_ESCAPE:
                pygame.quit( )
                sys.exit( )

    pygame.time.delay(100)         # 少し待つ
```

この一連のコードの機能を簡単に書き換えれば、次のようになります。

```
while (True) :
    表示の更新
    イベント処理
```

少し待つ

最初に、画面を更新します。

```
while (True) :
    pygame.display.update( )        # 表示の更新
```

これはこのプログラムの場合はウィンドウの中を描き換えていないのでこのコードをループの中に入れないで初期化の最後に行っても良いのですが、あとのプログラムでは画面を頻繁に更新する必要があるのでここに入れておきます。

イベントループでは pygame.event.get() の中にある（複数の）イベントをそれぞれ処理します。

```
for event in pygame.event.get( ):
    # ウィンドウのクローズボタンを押したとき
    if event.type == QUIT:
        pygame.quit( )
        sys.exit( )
    # キーを押したとき
    if event.type == KEYDOWN:
        # ESCキーなら終了
        if event.key == K_ESCAPE:
            pygame.quit( )
            sys.exit( )
```

ユーザーがウィンドウのクローズボタンを押したときには event.type は QUIT になるので、pygame.quit() を呼び出して pygame の終了処理（正確には pygame が使用しているリソースを開放する処理）を行ってから sys.exit() を呼び出してプログラムを終了します（厳密にはインタープリタが終了する際にリソースが解放されるので pygame.quit() を呼び出す必要はありません）。

ユーザーが Esc キーを押したときには event.type は KEYDOWN: になるので、先ほどと同様にプログラムを終了します。

少し待つ処理には pygame.time.delay() を使います。pygame.time.delay() は指定した時間だけプログラムを停止します（このプログラムを待たないで素早く実行し続けるとこのプログラムが CPU を占有してしまって、他のプログラムやシステム全体がほとんど動作できなくなります）。

ここでは 100 ミリ秒待つことにします。

```
        pygame.time.delay(100)              # 少し待つ
```

main() 全体は次のようになります。

```
def main( ):
    pygame.init( )                          # pygameの初期化
    pygame.display.set_mode((400, 300))     # ウィンドウの設定
    surface = pygame.display.get_surface( )
    surface.fill((220, 220, 220))           # 背景を薄いグレーにする

    while (True) :
        pygame.display.update( )            # 表示の更新
        # イベント処理
        for event in pygame.event.get( ):
            # ウィンドウのクローズボタンを押したとき
            if event.type == QUIT:
                pygame.quit( )
                sys.exit( )
            # キーを押したとき
            if event.type == KEYDOWN:
                # ESCキーなら終了
                if event.key == K_ESCAPE:
                    pygame.quit( )
                    sys.exit( )

        pygame.time.delay(100)              # 少し待つ
```

そして定義した関数 main() を呼び出しますが、これは次のような形式で呼び出すことになっています（これは定型として覚えましょう）。

```
if __name__ == "__main__":
    main( )
```

ウィンドウを表示するアプリ pygamewnd 全体のコードは次のようになります。

6.1 ゲームのためのモジュール

リスト6.19●pygamewnd.py

```python
# pygamewnd.py
# -*- coding:UTF-8 -*-
import sys
import pygame
from pygame.locals import QUIT, KEYDOWN, K_ESCAPE

def main( ):
    pygame.init( )                          # pygameの初期化
    pygame.display.set_mode((400, 300))     # ウィンドウの設定
    surface = pygame.display.get_surface( )
    surface.fill((220, 220, 220))           # 背景を薄いグレーにする

    while (True) :
        pygame.display.update( )            # 表示の更新
        # イベント処理
        for event in pygame.event.get( ):
            # ウィンドウのクローズボタンを押したとき
            if event.type == QUIT:
                pygame.quit( )
                sys.exit( )
            # キーを押したとき
            if event.type == KEYDOWN:
                # ESCキーなら終了
                if event.key == K_ESCAPE:
                    pygame.quit( )
                    sys.exit( )

        pygame.time.delay(100)              # 少し待つ

if __name__ == "__main__":
    main( )
```

これを実行すると何もないウィンドウが表示されます。

第6章 pygame

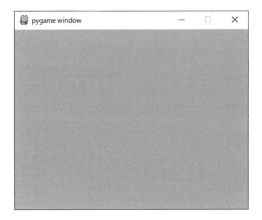

図6.14●pygamewnd.pyを実行した結果

COLUMN

コードの関数化

pygamewnd には次のような部分があります。

```
if event.type == QUIT:
    pygame.quit( )
    sys.exit( )
# キーを押したとき
if event.type == KEYDOWN:
    # ESCキーなら終了
    if event.key == K_ESCAPE:
        pygame.quit( )
        sys.exit( )
```

「event.type == QUIT」の場合と「event.key == K_ESCAPE」の場合に実行されるコードはまったく同じです。このような場合、同じコードが重複することを避けるために、たとえば次のような関数 endquit( ) を作成します。

```
def endquit( ):
    pygame.quit( )
    sys.exit( )
```

そして次のように呼び出すこともできます。

```
if event.type == QUIT:
    endquit( )
# キーを押したとき
if event.type == KEYDOWN:
    # ESCキーなら終了
    if event.key == K_ESCAPE:
        endquit( )
```

このようにまとめることができるコードを関数にすることで、コードの重複がなくなり、プログラムコードが見やすくなってわかりやすくなります。

しかし、一方で、関数呼び出しという作業が増えるので、ある種のゲームのように速度が重視されるプログラムでは、まとめることができるコードを関数にして関数を呼び出すことをあえてやらないで、同じコードを意図的に複数の場所に記述することもよくあります。

6.2 動き回る円

　ここでは、pygame を使って、押された方向キーの種類に従ってウィンドウの中を円が移動するプログラムを作ります。

surface の座標系

　プログラムに取り掛かる前に、pygame のグラフィックスの座標について知っておきましょう。

　pygame のグラフィックスの描画面はサーフェス（surface）と呼びます。サーフェスの基本的な座標の取り方は、左上を原点として、右に行くほど X 座標の値が増え、下に行くほど Y 座標の値が増える座標系です。

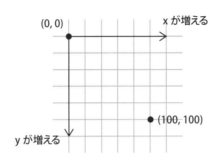

図6.15●surfaceの座標

作成するプログラム

　ここで作成するプログラムは、最初は中央に円が描かれていて、方向キー（矢印キー）を押すと、押された方向に円が移動するプログラムです。ユーザーが Esc キーを押すか、ウィンドウ右上にあるクローズボタンをクリックしたらウィンドウが閉じてプログラムが終了する動作は前のプログラムと同じです。

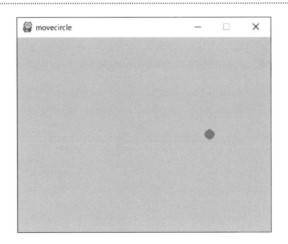

図6.16●movecircle

　円はウィンドウの境界（正確にはウィンドウのタイトルバーを除いた領域の境界）にぶつかったら、逆の方向に進むようにします。こうすることで、ボールが跳ねているかのように見え

ます。

　円は、常時Ｘ方向にdx、Ｙ方向にdyだけ進むようにします。ただし、dxとdyの一方だけに進む増分を指定して、指定しない方向はゼロにします。繰り返しごとにr2だけ進むとすると、次の図のようになります。

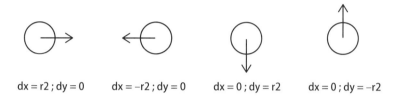

dx = r2 ; dy = 0　　dx = −r2 ; dy = 0　　dx = 0 ; dy = r2　　dx = 0 ; dy = −r2

図6.17●円の進み方

まずインポートする定数に、方向キー（矢印キー）を表す定数 K_LEFT、K_RIGHT、K_UP、K_DOWN を追加します。インポートするその他のモジュールは前のプログラムと同じです。

```
# movecircle.py
# -*- coding:UTF-8 -*-
import sys
import pygame
from pygame.locals import QUIT, KEYDOWN, K_ESCAPE, K_LEFT, K_RIGHT, K_UP, K_DOWN
```

関数 main() の中では、あとの計算で使えるように、ウィンドウのサイズや円のスタート位置、円が進行する方向とその大きさ（進行増分）を表す値、および円の半径の2倍の値を変数として宣言しておきます。

```
def main( ):
    w = 400; h = 300   # ウィンドウのサイズ
    x = 200; y = 150   # スタート位置
    dx = 0; dy = 0     # 進行増分
    r2 = 8             # 半径の2倍
```

ここで、物理的な1行に複数のステートメントを記述するためにセミコロン（;）を使っていることに注意してください。このようにすると、プログラムが見やすくなることがあります。

　メインループでは、表示を更新したあと、少し待ってから背景を薄いグレーにします。これ

は円が移動したあとに前の円の痕跡が残らないようにするためです。

```
while (True):
    pygame.display.update( )         # ウィンドウ更新
    pygame.time.delay(100)           # 少し待つ
    surface.fill((220, 220, 220))    # 背景を薄いグレーにする
```

そして位置 (x, y) に円を描きます。

```
# 円を描画
pygame.draw.circle(surface, (0, 200, 0), (x, y), r2)
```

この円を描くメソッド circle() の書式は次の通りです。

---

pygame.draw.circle(*Surface*, *color*, *pos*, *radius*, *width*=0): return Rect

---

Surface には円形を描写するサーフェスを指定します。*color* には色を指定します。RGB 値で指定するときには (*r*, *g*, *b*) の形式の Tuple で指定します。*pos* には円の中心点となる座標を (*x*, *y*) の形式の Tuple で指定します。*radius* には円の半径を指定します。*width* は外枠の線の太さを表します。*width* 引数に 0 を設定した場合や省略した場合は、描写される円の内部が塗りつぶされます。

このプログラムのイベント処理では方向キーが押されたら dx または dy に増分の値を設定します。

```
        # イベント処理
        for event in pygame.event.get( ):
            # ウィンドウのクローズボタンを押したとき
            if event.type == QUIT:
                pygame.quit( ); sys.exit( )
            # キーを押したとき
            if event.type == KEYDOWN:
                # ESCキーなら終了
                if event.key == K_ESCAPE:
                    pygame.quit( ); sys.exit( )
                # 矢印キーなら円の中心座標を矢印の方向に移動
                if event.key == K_LEFT:
```

```
                    dx = -r2; dy = 0
                if event.key == K_RIGHT:
                    dx = r2; dy = 0
                if event.key == K_UP:
                    dy = -r2; dx = 0
                if event.key == K_DOWN:
                    dy = r2; dx = 0
```

新しい円の位置は次の式で求めることができます。

```
        x += dx; y += dy
```

そして、円の新しい中心座標がウィンドウの範囲外になるかチェックして、境界を超えるようなら進行方向を逆にします。

```
        # 円の中心座標がウィンドウの範囲外になるかチェック
        if x < r2/2:
            dx *= -1           # 範囲外になるなら進行方向を変える
        if x > w:
            dx *= -1
        if y < r2/2:
            dy *= -1
        if y > h:
            dy *= -1
```

ここで説明していないことは pygame と同じです。

movecircle のプログラム全体を以下に示します。

リスト6.20●movecircle.py

```
# movecircle.py
# -*- coding:UTF-8 -*-
import sys
import pygame
from pygame.locals import QUIT, KEYDOWN, K_ESCAPE, K_LEFT, K_RIGHT, K_UP, K_DOWN

def main( ):
    w = 400; h = 300               # ウィンドウのサイズ
    x = 200; y = 150               # スタート位置
    dx = 0; dy = 0                 # 進行増分
```

第6章 pygame

```python
    r2 = 8                                # 半径の2倍
    pygame.init( )                        # pygame初期化
    pygame.display.set_mode((w, h))       # ウィンドウ設定
    pygame.display.set_caption("movecircle")
    surface = pygame.display.get_surface( )

    while (True):
        pygame.display.update( )          # ウィンドウ更新
        pygame.time.delay(100)            # 少し待つ
        surface.fill((220, 220, 220))     # 背景を薄いグレーにする
        # 円を描画
        pygame.draw.circle(surface, (0, 200, 0), (x, y), r2)
        # イベント処理
        for event in pygame.event.get( ):
            # ウィンドウのクローズボタンを押したとき
            if event.type == QUIT:
                pygame.quit( ); sys.exit( )
            # キーを押したとき
            if event.type == KEYDOWN:
                # ESCキーなら終了
                if event.key == K_ESCAPE:
                    pygame.quit( ); sys.exit( )
                # 矢印キーなら円の中心座標を矢印の方向に移動
                if event.key == K_LEFT:
                    dx = -r2; dy = 0
                if event.key == K_RIGHT:
                    dx = r2; dy = 0
                if event.key == K_UP:
                    dy = -r2; dx = 0
                if event.key == K_DOWN:
                    dy = r2; dx = 0
        x += dx; y += dy

        # 円の中心座標がウィンドウの範囲外になるかチェック
        if x < r2/2:
            dx *= -1          # 範囲外になるなら進行方向を変える
        if x > w:
            dx *= -1
        if y < r2/2:
            dy *= -1
        if y > h:
            dy *= -1
```

```
if __name__ == "__main__":
    main( )
```

6.3 runner

ここでは、これまで学んだことに新しい知識を少し加えて単純なゲームを作ってみます。

ゲームの概要

　ここで作るゲームは、ウィンドウの内部に線を描くアプリケーションです。
　ゲームを開始すると線は刻々と伸びていきます。描く方向は矢印キーで制御できますが、進行方向は上下左右のいずれかで、斜めには進めません。線が、ウィンドウの境界または自分自身が描いた線と衝突するとゲームオーバーで、長い距離を描けば描くほど、得点が高くなります。
　このプログラムは、次の2つのステップで作成することにします。
　最初のステップとして、刻々と線を描き、矢印キーでその線の進行方向を変えられるようにします。ここまでのプログラムをdrawlineと名付けます。drawlineは完成していないので、ウィンドウの線が外に行ってしまってもゲームオーバーにならない、いつまでたってもゲームが終了しない、などの問題点を残しています。

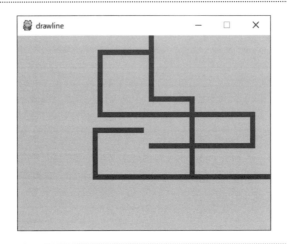

図6.18●drawline

次に第2ステップとして、衝突の判定と得点の加算、ゲームオーバー処理などを追加します。この最終的な形をRunnerプログラムと呼びます。

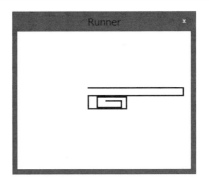

図6.19●Runner

これらのプログラムの線は、矩形（正四角形）を次々に描くことで描画します。

線を描くプログラム

まず、プログラムで使う定数をインポートします。

```
from pygame.locals import QUIT, KEYDOWN, K_ESCAPE, K_LEFT, K_RIGHT, K_UP, K_DOWN
```

これは次のようにしてもかまいません。

```
from pygame.locals import *
```

最初の部分は次のようになります。

```
# drawline.py
# -*- coding:UTF-8 -*-
import sys
import pygame
from pygame.locals import QUIT, KEYDOWN, K_ESCAPE, K_LEFT, K_RIGHT, K_UP, K_DOWN
```

関数main()の最初の部分では、必要な変数を宣言したあとでpygameを初期化し、ウィンドウのサイズを設定し、ウィンドウのキャプションを設定して、線を描画するサーフェスを取得し、背景を薄いグレーにします。

```
def main( ):
    w = 400; h = 300                      # ウィンドウのサイズ
    x = 200; y = 150                      # スタート位置
    dx = 0; dy = 0                        # 進行増分
    wh = 8                                # 半径の2倍
    pygame.init( )                        # pygame初期化
    pygame.display.set_mode((w, h))       # ウィンドウ設定
    pygame.display.set_caption("drawline")
    surface = pygame.display.get_surface( )
    surface.fill((220, 220, 220))         # 背景を薄いグレーにする
```

ループの最初は前のプログラムと同じです。

```
    while (True):
        pygame.display.update( )          # ウィンドウ更新
        pygame.time.delay(100)            # 少し待つ
```

矩形（四角形）を描画するための rect() の書式は次の通りです。

pygame.draw.rect(*Surface*, *color*, *Rect*, *width*=0): return Rect

Surface には矩形を描写するサーフェスを指定します。*color* には色を指定します。RGB値で指定するときには (*r*, *g*, *b*) の形式の Tuple で指定します。*Rect* には矩形の視点と幅と高さを (*x*, *y*, *w*, *h*) の形式の Tuple で指定します。*width* は外枠の線の太さを表します。*width* 引数に 0 を設定した場合や省略した場合は、描写される矩形の内部が塗りつぶされます。

実際の描画のコードは次のようになります。

```
# 矩形を描画
pygame.draw.rect(surface, (0, 0, 255), (x-wh, y-wh, wh, wh))
```

イベント処理では、方向キーが押されたときの処理を追加します。

```
        # イベント処理
        for event in pygame.event.get( ):
            # ウィンドウのクローズボタンを押したとき
            if event.type == QUIT:
                pygame.quit( ); sys.exit( )
            # キーを押したとき
            if event.type == KEYDOWN:
                # ESCキーなら終了
                if event.key == K_ESCAPE:
                    pygame.quit( ); sys.exit( )
                # 矢印キーなら円の中心座標を矢印の方向に移動
                if event.key == K_LEFT:
                    dx = -wh; dy = 0
                if event.key == K_RIGHT:
                    dx = wh; dy = 0
                if event.key == K_UP:
                    dy = -wh; dx = 0
                if event.key == K_DOWN:
                    dy = wh; dx = 0
```

押された方向キーによって進行する際の増分（dx または dy）が決まるので、次の座標は次

の式で計算できます。

```
x += dx; y += dy
```

円の中心座標がウィンドウの範囲外になるかチェックして、範囲外になるなら進行方向を変える増分（dx または dy）の値の符号を逆にして線が逆に動くようにします。

```
# 円の中心座標がウィンドウの範囲外になるかチェック
if x < 0:
    dx *= -1          # 範囲外になるなら進行方向を変える
if x > w:
    dx *= -1
if y < 0:
    dy *= -1
if y > h:
    dy *= -1
```

drawline のプログラム全体は次のようになります。

リスト6.21●drawline.py

```python
# drawline.py
# -*- coding:UTF-8 -*-
import sys
import pygame
from pygame.locals import QUIT, KEYDOWN, K_ESCAPE, K_LEFT, K_RIGHT, K_UP, K_DOWN

def main( ):
    w = 400; h = 300                    # ウィンドウのサイズ
    x = 200; y = 150                    # スタート位置
    dx = 0; dy = 0                      # 進行増分
    wh = 8                              # 半径の2倍
    pygame.init( )                      # pygame初期化
    pygame.display.set_mode((w, h))     # ウィンドウ設定
    pygame.display.set_caption("drawline")
    surface = pygame.display.get_surface( )
    surface.fill((220, 220, 220))       # 背景を薄いグレーにする

    while (True):
        pygame.display.update( )        # ウィンドウ更新
```

```python
            pygame.time.delay(100)           # 少し待つ
            # 矩形を描画
            pygame.draw.rect(surface, (0, 0, 255), (x-wh, y-wh, wh, wh))

            # イベント処理
            for event in pygame.event.get( ):
                # ウィンドウのクローズボタンを押したとき
                if event.type == QUIT:
                    pygame.quit( ); sys.exit( )
                # キーを押したとき
                if event.type == KEYDOWN:
                    # ESCキーなら終了
                    if event.key == K_ESCAPE:
                        pygame.quit( ); sys.exit( )
                    # 矢印キーなら円の中心座標を矢印の方向に移動
                    if event.key == K_LEFT:
                        dx = -wh; dy = 0
                    if event.key == K_RIGHT:
                        dx = wh; dy = 0
                    if event.key == K_UP:
                        dy = -wh; dx = 0
                    if event.key == K_DOWN:
                        dy = wh; dx = 0

            x += dx; y += dy

            # 矩形の座標がウィンドウの範囲外になるかチェック
            if x < 0:
                dx *= -1         # 範囲外になるなら進行方向を変える
            if x > w:
                dx *= -1
            if y < 0:
                dy *= -1
            if y > h:
                dy *= -1

if __name__ == "__main__":
    main( )
```

runner プログラム

このゲームでは、自分で描いた線に衝突するか、ウィンドウの境界に衝突するとゲームオーバーになることにしました。そこで、ゲームオーバーであるかどうかを表すために、true の代わりに 1 を保存し、false の代わりに 0 を保存するフラグを定義します。

```
fgameover = 0
```

fgameover が 0 であればゲームオーバーではないので、次の座標を計算し、四角がウィンドウの範囲外になるか調べ、さらに次に描くところがブルーであるかどうかチェックします。

```
if fgameover == 0:
    x += dx; y += dy
    # 四角がウィンドウの範囲外になるかチェック
    if x < 0 or x > w or y < 0 or y > h:
        gameover(surface)
        fgameover = 1
    # 次に描くところがブルーであるかどうか調べる
    if surface.get_at((x, y)) == (0, 0, 255) :
        gameover(surface)
        fgameover = 1
```

自分で描いた線に衝突したかどうかは、次の四角形を描く座標にすでにブルーの色が描かれているかどうか調べます。そのために、ここでは、surface.get_at() を使って次に矩形を描く場所の色を取得して、それが線の色と同じであるかどうか調べています。

surface.get_at() は指定した点の色を取得する関数です。書式は次の通りです。

Surface.get_at((*x*, *y*))

(*x*, *y*) は色を取得する点の座標を示す Tuple です。この関数が実行されると、指定した点の Color が返されます。

四角がウィンドウの範囲外になるかチェックする式は、プログラムを単純にするためにここでは簡略化しています。厳密に境界に接するかどうか判断するためのコードはウィンドウのサイズと線の幅に関連し、ウィンドウのクライアント領域（線を描く領

域）の幅や高さを必ず描く四角形の幅や高さの整数倍にする必要があります。ウィンドウのサイズを任意のサイズにした場合には、厳密に境界間際に本来の大きさの四角形を描けない可能性があります。読者の環境で適切なウィンドウサイズと線の太さにして、四角がウィンドウの範囲外になるか厳密にチェックするようにすることは読者の課題とします。

ゲームオーバーになったときに実行する関数 gameover() は次のように作ります。

```python
def gameover(sf) :
    sysfont = pygame.font.SysFont(None, 48)
    message = sysfont.render("Game Over", True, (255,0,0))
    message_rect = message.get_rect( )
    message_rect.center = (200, 100)
    sf.blit(message, message_rect)
    pygame.display.update( )
```

最初に pygame.font.SysFont() を呼び出して 48 ポイントのフォントを作り、そのフォントに対して sysfont.render() を呼び出すことで "Game Over" という文字列を赤（(255,0,0)）で作成します。これを Surface.blit() を使ってサーフェスに転送することで文字列を描きます。このとき、描くメッセージだけでなく、転送する領域（この場合 message_rect）も同時に指定することに注意してください。

runner プログラム全体は次のようになります。

リスト6.22●runner.py

```python
# runner.py
# -*- coding:UTF-8 -*-
import sys
import pygame
from pygame.locals import QUIT, KEYDOWN, K_ESCAPE, K_LEFT, K_RIGHT, K_UP, K_DOWN

# ゲームオーバー
def gameover(sf) :
    # ゲームオーバーと表示する
    sysfont = pygame.font.SysFont(None, 48)
    message = sysfont.render("Game Over", True, (255,0,0))
    message_rect = message.get_rect( )
```

```python
        message_rect.center = (200, 100)
        sf.blit(message, message_rect)
        pygame.display.update( )

def main( ):
    w = 400; h = 300                        # ウィンドウのサイズ
    x = 200; y = 150                        # スタート位置
    wh = 8                                  # 高さと幅
    dx = wh; dy = 0                         # 進行増分
    fgameover = 0
    pygame.init( )                          # pygame初期化
    pygame.display.set_mode((w, h))         # ウィンドウ設定
    pygame.display.set_caption("runner")
    surface = pygame.display.get_surface( )
    surface.fill((220, 220, 220))           # 背景を薄いグレーにする

    while (True):
        pygame.display.update( )            # ウィンドウ更新
        pygame.time.delay(100)              # 少し待つ
        # 四角を描画
        pygame.draw.rect(surface, (0, 0, 255), (x, y, wh, wh))
        # イベント処理
        for event in pygame.event.get( ):
            # ウィンドウのクローズボタンを押したとき
            if event.type == QUIT:
                pygame.quit( ); sys.exit( )
            # キーを押したとき
            if event.type == KEYDOWN:
                # ESCキーなら終了
                if event.key == K_ESCAPE:
                    pygame.quit( ); sys.exit( )
                # 矢印キーなら円の中心座標を矢印の方向に移動
                if event.key == K_LEFT:
                    dx = -wh; dy = 0
                if event.key == K_RIGHT:
                    dx = wh; dy = 0
                if event.key == K_UP:
                    dy = -wh; dx = 0
                if event.key == K_DOWN:
                    dy = wh; dx = 0
        pygame.display.update( )
        if fgameover == 0:
```

```
                x += dx; y += dy
                # ゲームオーバーの判定
                # 次に描くところがブルーであるかどうか調べる
                # 四角がウィンドウの範囲外になるかチェック
                if x < 0 or x > w or y < 0 or y > h:
                    gameover(surface)
                    fgameover = 1
                if surface.get_at((x, y)) == (0, 0, 255) :
                    gameover(surface)
                    fgameover = 1

if __name__ == "__main__":
    main( )
```

このプログラムは少し長くて複雑に見えますが、使われている技術ごとに分解して読むと理解しやすいでしょう。多くのコードは典型的なパターンとして理解すればそれでよく、そのコードの裏側で行われていることを今の段階で深く知る必要はありません。あとの章でも同じようなコードを何度も見ることになるので、この段階では、このようなときにはこのような一連のコードを使うという理解でもかまいません。

練習問題

■6.1
描く円や描く線の色を変えてください。

■6.2
円や矩形の大きさを変えてください。

■6.3
runner で得点を表示するようにしてください。

第7章

ゲームサウンド

ここでは、ゲームでサウンドを鳴らす方法を紹介します。

7.1 pygame のサウンド

ここでは、pygame のサウンドに関するモジュールを使った単純なサウンドファイルの再生方法を説明します。なお、サウンドの鳴るプログラムを実行する前に、必ずシステムの再生音量を小さめに設定してください。

Sound

pygame.mixer.Sound は、ファイルやオブジェクト、バッファに保存したデータなどから、Sound オブジェクトを作成します。

最も典型的な使い方は、既存のサウンドファイルや音声ファイルから Sound オブジェクトを作成して再生する方法です。読み込めるサウンドファイルのデータ形式は、OGG ファイルか非圧縮形式の WAV ファイルです。

pygame.mixer.Sound には次のようなメソッドが用意されています。

表7.11●pygame.mixer.Soundのメソッド

名前	機能
Sound.play( )	音声の再生を開始する。
Sound.stop( )	音声の再生を終了する。
Sound.fadeout( )	再生中の音声をフェードアウトする。
Sound.set_volume( )	音声を再生する音量を設定する（0 〜 1.0 の値）。
Sound.get_volume( )	音声の再生に使う音量を取得する（0 〜 1.0 の値）。
Sound.get_num_channels( )	音声が同時再生されている数を調べる。
Sound.get_length( )	音声の再生時間を取得する。
Sound.get_buffer( )	音声のサンプリングデータのバッファオブジェクトを取得する。

pygame.mixer.Sound を使ってサウンドを再生するときには、次のようにして読み込んで再生します。

最初に pygame モジュールをインポートします。

```
import pygame
```

次に pygame を初期化します。

```
pygame.init( )          # pygame初期化
```

準備はこれでよさそうですが、環境によってはウィンドウを作らないと再生されないことがあります（特に Windows 環境では必ずウィンドウを作る必要があります）
そこで、次のようにウィンドウを作成します。

```
screen = pygame.display.set_mode((300, 200))
```

そして pygame.mixer を初期化します。

```
pygame.mixer.init( )     # mixerの初期化
```

次に再生するファイルを設定します。

```
sound = pygame.mixer.Sound("gamesound.wav")   # サウンドを設定する
```

そして sound.play() を呼び出せばファイルを再生できます。

```
sound.play( )
```

再生は非同期的に行われるので、sound.play() そのものはすぐにリターンします。インタープリタで実行中ならば鳴らしておけばよいのですが、スクリプトでプログラムが終了してしまうと再生も停止してしまいます。そこで、たとえば pygame.mixer.get_busy() で再生が行われているかどうかを調べて、行われていたらこのプログラムの実行を停止しておくようにすることで、ファイルを最後まで再生することができます。

```
# 鳴り終わるまで待つ
while pygame.mixer.get_busy( ):
    pygame.time.delay(100)
```

pygame.time.delay() は pygame で用意されている「少し待つ」ための関数です。

再生が終わったら、pygame.mixer と pygame のリソースを開放します（プログラムの実行を終了してしまう場合はリソースは自動的に解放されるので厳密には不要です）。

```
pygame.mixer.quit( )

pygame.quit( )
```

なお、上の例では play() の引数はすべて省略しましたが、play() の完全な書式は次の通りです。

```
Sound.play(loops=0, maxtime=0, fade_ms=0)
```

引数 loops を指定すると2回目以降の再生回数を指定できます。たとえば、3を指定した場合は1回目の再生後に3回再生が繰り返されるので、合計4回の再生が行われます。既定値は0で1回だけ再生します。引数 loops に-1を指定すると、音声の再生を無限に繰り返します。この再生を終了には、stop() を実行します。

引数 maxtime には、音声の再生時間を指定することができます。

引数 fade_ms に値を指定すると、音量が0の状態で再生を開始し、指定した時間までに少しずつ音量を上げていくようにすることができます。

この関数は、音声再生のために選ばれたチャンネルの Channel オブジェクトを戻り値として返します（通常はこの値は無視してかまいません）。

この章のプログラムは再生する音量を調整していません。システムで設定されている音量で音が鳴ります。プログラムを実行する前に必ずボリュームを小さい音で再生するように調整してください。

pygame.mixer.Sound を使ってサウンドを再生するプログラム全体は次のようになります。

リスト7.23 ● playsound.py

```python
# playsound.py
# -*- coding:UTF-8 -*-
import pygame

pygame.init( )          # pygame初期化

# Windows環境など環境によってはウィンドウを作らないと再生されない
screen = pygame.display.set_mode((300, 200))

pygame.mixer.init( )     # mixerの初期化

sound = pygame.mixer.Sound("gamesound.wav")   # サウンドを設定する

print ('Volume=', sound.get_volume( ))

sound.play( )

# 鳴り終わるまで待つ
while pygame.mixer.get_busy( ):
    pygame.time.delay(100)

pygame.mixer.quit( )

pygame.quit( )
```

pygame.mixer.music

pygame.mixer.musicはストリーミング再生を操作するpygameモジュールです。

Soundオブジェクトはファイル全体を読み込んでSoundオブジェクトを作成するので長い音楽の再生にはあまり適していません。長い音楽の再生にはファイルを少しずつ読み込んで再生する（ストリーミング再生する）pygame.mixer.musicサブモジュールが適しています。pygame.mixer.musicではサウンドファイルをロードしながら再生します。読み込めるサウンドファイルのデータ形式は、OGGファイルか非圧縮形式のWAVファイル、またはMP3ファイルです。ただし、システムによっては特定のMP3形式のファイルがサポートされていなくて、MP3ファイルを再生しようとするとクラッシュすることがあります。

pygame.mixer.music には次のようなメソッドが用意されています。

表7.12●pygame.mixer.musicのメソッド

名前	機能
pygame.mixer.music.load()	再生する音楽ファイルを読み込む。
pygame.mixer.music.play()	音楽のストリーミング再生を開始する。
pygame.mixer.music.rewind()	音楽を最初から再生する。
pygame.mixer.music.stop()	音楽の再生を終了する。
pygame.mixer.music.pause()	音楽の再生を一時停止する。
pygame.mixer.music.unpause()	停止した音楽を再開させる。
pygame.mixer.music.fadeout()	再生中の音楽の音をフェードアウトする。
pygame.mixer.music.set_volume()	音楽のボリュームを設定する。
pygame.mixer.music.get_volume()	音楽のボリュームを取得する。
pygame.mixer.music.get_busy()	音楽が再生中かどうかを確認する。
pygame.mixer.music.get_pos()	音楽の再生時間を取得する。
pygame.mixer.music.queue()	現在再生中の音楽が終了したあとに再生されるように、音楽ファイルの再生準備をする。
pygame.mixer.music.set_endevent	音楽の再生が終了した時に、指定したイベントを発生させる。
pygame.mixer.music.get_endevent	音楽の再生が終了した時に、発生するイベントを取得する。

pygame.mixer.music を使ってサウンドを再生するときには、次のようにしてサウンドをロードして再生します。

最初に pygame モジュールをインポートします。

```
import pygame
```

次に pygame を初期化します。

```
pygame.init( )          # pygame初期化
```

準備はこれでよさそうですが、環境によってはウィンドウを作らないと再生されないことがあります（特に Windows 環境では必ずウィンドウを作る必要があります）

そこで、次のようにウィンドウを作成します。

```
screen = pygame.display.set_mode((300, 200))
```

そしてpygame.mixerを初期化します。

```
pygame.mixer.init( )    # mixerの初期化
```

次にロードするファイルを指定します。

```
pygame.mixer.music.load("gamesound.wav")
```

そしてplay()を呼び出します。

```
pygame.mixer.music.play( )
```

これでファイルが1度だけ再生されます。
　play()の引数に-1を指定すると、プログラムが終了するかpygame.mixer.music.stop()が呼び出されるまで繰り返し再生が行われます。

```
pygame.mixer.music.play(-1)
```

いずれにしても、再生は非同期的に行われるので、pygame.mixer.music.play()そのものはすぐにリターンします。そこで、Sound.play()の時と同じように、たとえばpygame.mixer.get_busy()で再生が行われているかどうかを調べて、行われていたらこのプログラムの実行を停止しておくようにすることで、ファイルを最後まで再生することができます。

```
# 鳴り終わるまで待つ
while pygame.mixer.music.get_busy( ):
    pygame.time.delay(100)
```

あるいは簡単に指定した時間（ミリ秒）だけプログラムを停止しておき、そのあとに再生を止めます。

```
pygame.time.delay(5000)
```

```
pygame.mixer.music.stop( )
```

pygame.mixer.Soundを使ってサウンド全体を再生するプログラム全体は次のようになります。

第7章 ゲームサウンド

リスト7.24●playmusic.py

```python
# playmusic.py
# -*- coding:UTF-8 -*-
import pygame

pygame.init( )       # pygame初期化

# Windows環境など環境によってはウィンドウを作らないと再生されない
screen = pygame.display.set_mode((300, 200))

pygame.mixer.init( )    # mixerの初期化

pygame.mixer.music.load("gamesound.wav")
pygame.mixer.music.play( )

# 鳴り終わるまで待つ
while pygame.mixer.music.get_busy( ):
    pygame.time.delay(100)

pygame.mixer.quit( )

pygame.quit( )
```

pygame.mixer.Sound を使ってサウンドを5秒（5000ミリ秒）だけ再生するプログラム全体は次のようになります。

リスト7.25●playmusic5.py

```python
playmusic5.py
# -*- coding:UTF-8 -*-
import pygame

pygame.init( )       # pygame初期化

# Windows環境など環境によってはウィンドウを作らないと再生されない
screen = pygame.display.set_mode((300, 200))

pygame.mixer.init( )    # mixerの初期化

pygame.mixer.music.load("gamesound.wav")
```

```
pygame.mixer.music.play(-1)

pygame.time.delay(5000)

pygame.mixer.music.stop( )

pygame.mixer.quit( )

pygame.quit( )
```

7.2 サウンド付きの runner

第 6 章で作成した runner プログラムにサウンドを付けてみましょう。

サウンドを鳴らす場面

まず最初に、オープニングサウンドを鳴らします。これは、関数 main() の中でウィンドウを作成してから表示を更新したあとで、mixer を初期化してから pygame.mixer.music.load() でオープニングサウンドのファイルをロードして、pygame.mixer.music.play() で再生します。そしてサウンドが鳴り終わるまで待ちます。

```
def main( ):
    w = 400; h = 300              # ウィンドウのサイズ
    x = 200; y = 150              # スタート位置
     ⋮
    pygame.init( )                # pygame初期化
    pygame.display.set_mode((w, h)) # ウィンドウ設定
     ⋮
    pygame.display.update( )
    # オープニングサウンド
    pygame.mixer.init( )          # mixerの初期化
    pygame.mixer.music.load("opening.wav")
    pygame.mixer.music.play( )
    # 鳴り終わるまで待つ
```

```
        while pygame.mixer.music.get_busy( ):
            pygame.time.delay(100)
```

ゲーム中のBGM

ゲームをやっている際にBGMとしてサウンドを再生することも良く行われます。

これはオープニングサウンドを鳴らし終わったときに、画面を描き換えてゲームの準備をしたあとで再度 pygame.mixer.init() を呼び出して mixer を再初期化し、pygame.mixer.Sound() でサウンドファイルを設定してから sound.play() で再生を開始することで実現します。

```
def main( ):
    w = 400; h = 300      # ウィンドウのサイズ
    x = 200; y = 150      # スタート位置
      ⋮
    オープニングサウンドを鳴らす
      ⋮
    surface.fill((220, 220, 220))              # 背景を薄いグレーにする
    pygame.mixer.init( )                        # mixerの初期化
    sound = pygame.mixer.Sound("footsteps.wav") # サウンドを設定する
    sound.play( )

    while (True):     # ゲームのメインループ
          ⋮
```

このままではサウンドが鳴り続けてしまうので、ゲームオーバーをチェックして、ゲームオーバーと判定したら sound.stop() を呼び出してサウンドの再生を止めてから gameover() を呼び出します。

```
    # ゲームオーバーのチェック
    # 四角がウィンドウの範囲外になるかチェックし、
    # 次に描くところがブルーであるかどうか調べる
    if x < 1 or x > w or y < 1 or y > h or surface.get_at((x, y)) == (0, 0, 255):
        sound.stop( )              # サウンドの再生を止める
        gameover(surface)
        fgameover = 1
```

ゲームオーバーのサウンド

ゲームオーバーになったら、「Game Over」を表示します（文字列の表示については第 8 章で説明します）。

そのあとでゲームオーバーサウンドを再生します。これは、pygame.mixer.init() を呼び出して mixer を再初期化したあとでサウンドをロードして再生することで実現します。そしてサウンドが鳴り終わるまで待ちます。

```
def gameover(sf) :
    # ゲームオーバーと表示する
    sysfont = pygame.font.SysFont(None, 48)
    message = sysfont.render("Game Over", True, (255,0,0))
    message_rect = message.get_rect( )
    message_rect.center = (200, 100)
    sf.blit(message, message_rect)
    pygame.display.update( )
    # ゲームオーバーサウンドを再生する
    pygame.mixer.init( )      # mixerの初期化
    pygame.mixer.music.load("gameover.wav")
    pygame.mixer.music.play( )
    # 鳴り終わるまで待つ
    while pygame.mixer.music.get_busy( ):
        pygame.time.delay(100)
```

実際のゲームでゲームオーバーサウンドが鳴り終わるまで待つかどうかは、設計に関連します。続けてすぐに再ゲームしたい場合は、再生し終わるまで待たずに、次のゲームの初期化の際にゲームオーバーサウンドを止めるという方法もあります。

プログラムリスト

サウンドを鳴らすようにしたプログラム srunner 全体は次のようになります。

リスト7.26●srunner.py

```python
# srunner.py
# サウンド付きrunner
# -*- coding:UTF-8 -*-
import sys
import pygame
from pygame.locals import QUIT, KEYDOWN, K_ESCAPE, K_LEFT, K_RIGHT, K_UP, K_DOWN

# ゲームオーバー
def gameover(sf) :
    # ゲームオーバーと表示する
    sysfont = pygame.font.SysFont(None, 48)
    message = sysfont.render("Game Over", True, (255,0,0))
    message_rect = message.get_rect( )
    message_rect.center = (200, 100)
    sf.blit(message, message_rect)
    pygame.display.update( )
    # ゲームオーバーサウンドを再生する
    pygame.mixer.init( )         # mixerの初期化
    pygame.mixer.music.load("gameover.wav")
    pygame.mixer.music.play( )
    # 鳴り終わるまで待つ
    while pygame.mixer.music.get_busy( ):
        pygame.time.delay(100)

def main( ):
    w = 400; h = 300              # ウィンドウのサイズ
    x = 200; y = 150              # スタート位置
    wh = 8                        # 高さと幅
    dx = wh; dy = 0               # 進行増分
    fgameover = 0
    pygame.init( )                # pygame初期化
    pygame.display.set_mode((w, h))   # ウィンドウ設定
    pygame.display.set_caption("runner")
    surface = pygame.display.get_surface( )
    # タイトルを表示する
    surface.fill((220, 220, 220))     # 背景を薄いグレーにする
```

```python
sysfont = pygame.font.SysFont(None, 72)
message = sysfont.render("Runner", True, (0, 255,0))
message_rect = message.get_rect( )
message_rect.center = (200, 150)
surface.blit(message, message_rect)
pygame.display.update( )
# オープニングサウンド
pygame.mixer.init( )                    # mixerの初期化
pygame.mixer.music.load("opening.wav")
pygame.mixer.music.play( )
# 鳴り終わるまで待つ
while pygame.mixer.music.get_busy( ):
    pygame.time.delay(100)

surface.fill((220, 220, 220))           # 背景を薄いグレーにする
pygame.mixer.init( )                    # mixerの初期化
sound = pygame.mixer.Sound("footsteps.wav")   # サウンドを設定する
sound.play( )

while (True):
    pygame.display.update( )         # ウィンドウ更新
    pygame.time.delay(100)           # 少し待つ
    # 四角を描画
    pygame.draw.rect(surface, (0, 0, 255), (x, y, wh, wh))
    # イベント処理
    for event in pygame.event.get( ):
        # ウィンドウのクローズボタンを押したとき
        if event.type == QUIT:
            pygame.quit( ); sys.exit( )
        # キーを押したとき
        if event.type == KEYDOWN:
            # ESCキーなら終了
            if event.key == K_ESCAPE:
                pygame.quit( ); sys.exit( )
            # 矢印キーなら円の中心座標を矢印の方向に移動
            if event.key == K_LEFT:
                dx = -wh; dy = 0
            if event.key == K_RIGHT:
                dx = wh; dy = 0
            if event.key == K_UP:
                dy = -wh; dx = 0
            if event.key == K_DOWN:
```

```
                    dy = wh; dx = 0
        pygame.display.update( )
        if fgameover == 0:
            x += dx; y += dy
            # ゲームオーバーの判定
            # 四角がウィンドウの範囲外になるかチェックし、
            # 次に描くところがブルーであるかどうか調べる
            if x < 0 or x > w or y < 0 or y > h ¥
                    or surface.get_at((x, y)) == (0, 0, 255):
                sound.stop( )
                gameover(surface)
                fgameover = 1

if __name__ == "__main__":
    main( )
```

練習問題

■7.1
再生するサウンドを変えてください。

■7.2
再生開始前にサウンドのボリュームを下げてください。

■7.3
srunner の再生方法を変更してください。

第 8 章

図形

ここでは、イメージ（画像）を扱う方法を紹介します。

8.1 図形の描画

これまでの章で線と円の描き方は説明しました。ここでは、線と円以外の図形の表示方法を説明します。

楕円の描画

楕円を描くときには`pygame.draw.ellipse()`を使います。書式は次の通りです。

```
pygame.draw.ellipse(Surface, color, Rect, width=0): return Rect
```

Surface には描画するサーフェスを指定します。*color* には描画する色を指定します。これは (*r*, *b*, *g*) で指定すると簡単です。*Rect* には楕円が内接する矩形を指定します。*width* には楕円の線の太さを指定します。*width* に 0 を設定すると、描写される楕円形の内部がすべて塗りつぶされます（width=0 のように引数に値が指定されているときには、その値がデフォルト値で省略可能です）。

次に例を示します。

```
# 楕円を描く（太さ2の線）
pygame.draw.ellipse(surface, (0,0,0), (60, 40, 80, 40), 2)
# 楕円を描く（塗りつぶし）
pygame.draw.ellipse(surface, (0,0,0), (150, 40, 80, 40))
```

実際に図形を描くには、pygame をインポートしたり初期化する、サーフェスを取得するなどの準備が必要です。さらに、描画したあとで実際に表示を更新するために `pygame.display.update()` を呼び出すことも必要です。

次の例は 2 個の楕円を 5 秒間だけ描くプログラムの例です。

リスト8.27●drawellipse.py

```
# drawellipse.py
# -*- coding:UTF-8 -*-
import pygame
```

```
pygame.init( )                              # pygameの初期化
pygame.display.set_mode((400, 300))         # 画面の設定
surface = pygame.display.get_surface( )
surface.fill((220, 220, 220))               # 背景を薄いグレーにする
pygame.draw.ellipse(surface, (0,0,0), (60, 40, 80, 40), 2)
pygame.draw.ellipse(surface, (0,0,0), (150, 40, 80, 40))
pygame.display.update( )                    # 表示を更新する

pygame.time.delay(5000)
pygame.quit( )
```

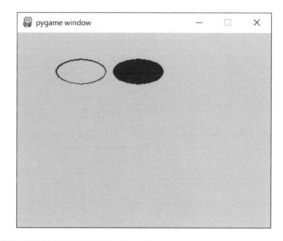

図8.20 ● drawellipse.py

円弧の描画

円または楕円の孤を描くときには pygame.draw.arc() を使います。書式は次の通りです。

pygame.draw.arc(*Surface*, *color*, *Rect*, *start_angle*, *stop_angle*, *width*=1)

Surface には描画するサーフェスを指定します。*color* には描画する色を指定します。これ

は (r, b, g) で指定すると簡単です。*Rect* には楕円が内接する矩形を指定します。

start_angle には円弧の開始点の角度を、*stop_angle* には終始点の角度をラジアン値で指定します。楕円の右端は 0、上端が 3.14/2、左端が 3.14、下端は 2 × 3.14 です。

width には楕円の線の太さを指定します。*width* に 0 を設定すると、描写される楕円形の内部がすべて塗りつぶされます。

次に例を示します。

```
# 円弧を描く
pygame.draw.arc(surface, (0,0,0), (250, 40, 80, 40), 0.0, 3.14, 2)
```

線の描画

線を描くときには pygame.draw.line() を使います。書式は次の通りです。

pygame.draw.line(*Surface*, *color*, *start_pos*, *end_pos*, *width*=1)

Surface には描画するサーフェスを指定します。*color* には描画する色を指定します。これは (r, b, g) で指定すると簡単です。*start_pos* には線の始点を指定します。*end_pos* には線の終点を指定します。*width* には楕円の線の太さを指定します。

次に例を示します。

```
# 線を描く
pygame.draw.line(surface, (0,0,0), (10, 100), (350, 100), 2)
```

多角形の描画

多角形（ポリゴン）を描くときには pygame.draw.polygon() を使います。書式は次の通りです。

```
pygame.draw.polygon(Surface, color, pointlist, width=0)
```

Surface には描画するサーフェスを指定します。color には描画する色を指定します。これは (r, b, g) で指定すると簡単です。pointlist には多角形の頂点の座標ペアを表す Tuple のリストを指定します。width には楕円の線の太さを指定します。width に 0 を設定すると、描写される楕円形の内部がすべて塗りつぶされます。

次に例を示します。

```
# ポリゴンを描く
pos = ((10, 150), (100, 130), (350, 170), (280, 180), (250, 170),
                                                        (180, 210))
pygame.draw.polygon(surface, (0,0,0), pos, 2)
```

文字列の表示

文字列を表示するときには、まず pygame.font.SysFont() を呼び出してフォントを作成します。書式は次の通りです。

```
pygame.font.SysFont(name, size, bold=False, italic=False)
```

name にはフォント名を指定します。pygame.font.get_fonts() を呼び出すと、使用できるすべてのフォント名のリストを取得することができます。

複数のフォントをまとめて検索したい場合には、探したいフォント名をコンマで区切った list で引数 name に指定します。指定したシステムフォントが見つからない場合は、代わりにデフォルトの pygame フォントが読み込まれます。size にはフォントのサイズをポイント単位で指定します。bold を true にすると太字で、italic を true にすると斜体で文字が描かれます。

次に 36 ポイントのデフォルトのフォントを指定する例を示します。

```
sysfont = pygame.font.SysFont(None, 36)
```

次に文字列描画用の新しいSurfaceに文字を描写します（作成した文字の画像があるSurfaceをあとで実際に表示するSurfaceにコピーして文字列を描画します。後述）。Font.render()の書式は次の通りです。

> `Font.render(text, antialias, color, background=None): return Surface`

*text*には文字列を指定します。改行文字は使えません。引数*antialias*にはtrueかfalseを指定します。trueを設定すると文字の角部分が（それなりに）滑らかに描写されます。*color*には描画する色を指定します。*background*には文字の背景色を指定します。これらは(*r*, *b*, *g*)で指定すると簡単です。*background*を指定しない場合、文字の背景は透明になります。

次に例を示します。

```
message = sysfont.render("hello, pygame!", True, (0,0,0))
```

次にmessage.get_rect()を呼び出して文字列を囲む矩形を取得します。この値はあとで文字列のサーフェスから実際に表示されるサーフェスにコピーするために使います。

```
message_rect = message.get_rect( )
```

また、message_rectの中心座標を指定します。この値もあとで文字列のサーフェスから実際に表示されるサーフェスにコピーするために使います。

```
message_rect.center = (200, 250)
```

最後にsurface.blit()を呼び出して、文字列のサーフェスから実際に表示されるサーフェスにコピーします。

```
surface.blit(message, message_rect)
```

文字列を描画するための一連のコードは次のようになります。

```
# 文字列を表示する
sysfont = pygame.font.SysFont(None, 36)
message = sysfont.render("hello, pygame!", True, (0,0,0))
message_rect = message.get_rect( )
message_rect.center = (200, 250)
surface.blit(message, message_rect)
```

フォントを指定したいときには、たとえば次のようにします。

```
sysfont = pygame.font.SysFont("Courier", 36)  # フォントをCourier にする
```

これらのコードを実行して文字列を描画すると次のような文字列が表示されます。

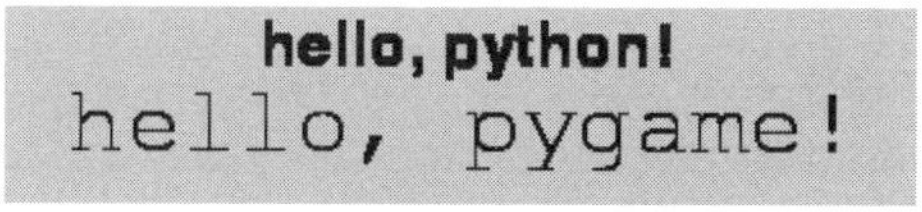

図8.21●描画される文字列

いずれにしても表示された文字列の外形がギザギザであるのは、あえてゲームらしさを表すためです。

プログラム全体を次に示します。

リスト8.28●drawmisc.py

```
# drawmisc.py
# -*- coding:UTF-8 -*-
import sys
import pygame
from pygame.locals import QUIT, KEYDOWN, K_ESCAPE

def main( ):
    pygame.init( )                           # pygameの初期化
    pygame.display.set_mode((400, 300))      # 画面の設定
    pygame.display.set_caption("drawmisc")
    surface = pygame.display.get_surface( )
    surface.fill((220, 220, 220))            # 背景を薄いグレーにする
```

```
while (True) :
    # 楕円を描く (太さ2の線)
    pygame.draw.ellipse(surface, (0,0,0), (60, 40, 80, 40), 2)
    # 楕円を描く (塗りつぶし)
    pygame.draw.ellipse(surface, (0,0,0), (150, 40, 80, 40))

    # 円弧を描く
    pygame.draw.arc(surface, (0,0,0), (250, 40, 80, 40), 0.0, 3.14, 2)

    # 線を描く
    pygame.draw.line(surface, (0,0,0), (10, 100), (350, 100), 2)

    # ポリゴンを描く
    pos = ((10, 150), (100, 130), (350, 170), (280, 180), (250, 170),
                                                          (180, 210))
    pygame.draw.polygon(surface, (0,0,0), pos, 2)

    # 文字列を表示する
    sysfont = pygame.font.SysFont(None, 36)
    message = sysfont.render("hello, python!", True, (0,0,0))
    message_rect = message.get_rect( )
    message_rect.center = (200, 230)
    surface.blit(message, message_rect)
    # フォントを指定
    sysfont = pygame.font.SysFont("Courier", 36)
    message = sysfont.render("hello, pygame!", True, (0,0,0))
    message_rect = message.get_rect( )
    message_rect.center = (200, 260)
    surface.blit(message, message_rect)

    pygame.display.update( )        # 表示の更新
    # イベント処理
    for event in pygame.event.get( ):
        # 画面のクローズボタンを押したとき
        if event.type == QUIT:
            pygame.quit( )
            sys.exit( )
        # キーを押したとき
        if event.type == KEYDOWN:
            # ESCキーなら終了
            if event.key == K_ESCAPE:
```

```
                    pygame.quit( )
                    sys.exit( )

        pygame.time.delay(100)          # 少し待つ

if __name__ == "__main__":
    main( )
```

このプログラムを実行すると次のように表示されます。

図8.22●drawmisc

8.2 ボールゲーム

ここでは、図形が動かすゲームを作ります。

ゲームの概要

ここで作るゲーム ball は、起動すると次の図に示すウィンドウが表示されます。

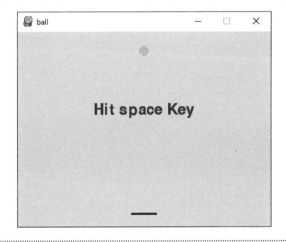

図8.23●ballの起動時の状態

　ウィンドウの上部中央にあるのがボールで、ウィンドウの下部中央にある水平の棒状のものがラケットです。
　ここでスペースキーを押すとゲームがスタートし、ボールが斜め下向きに移動します。

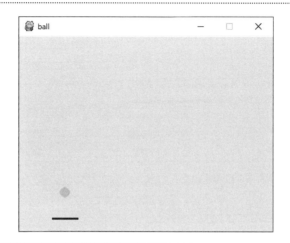

図8.24●ballのゲーム中の状態

ウィンドウの底辺にボールが当たらないように、ラケットを矢印キーで移動してボールを跳ね返します（矢印キーを押し続けても1回だけ押したことにしかならないので、大きく移動するには矢印キーを何度も押します）。

ウィンドウの底辺にボールが当たるとゲームオーバーで得点が表示されます。

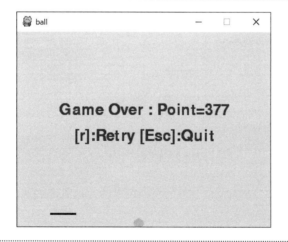

図8.25●ballのゲームオーバーの状態

変数の宣言

このプログラムで使う変数は次の通りです。

```
# 変数
ballx = 200; bally = 30    # ボールの座標
ballr = 8                  # ボールの半径
dx = 0; dy = 0             # ボールが進行する方向と量
rcktx = 180                # ラケットの座標
rcktw = 40                 # ラケットの幅
rckty = 280
point = 0
state = 0                  # 0=スタート前、1=ゲーム中、2=ゲームオーバー
```

ボールとラケットの変数が表すものを次の図に示します。

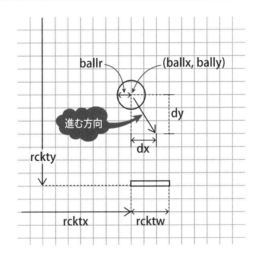

図8.26●変数が表すもの

イベントを処理するメッセージループでは、以下のような処理を行います。

表示の更新

stateが2未満の場合、つまりゲームを開始する前か、ゲーム中は、ループの繰り返しごとに背景を薄いグレーにして画面を更新する準備をします。別の見方をすると、stateが2

の場合、つまりゲームオーバーになったら画面は更新しません。

```
        if state < 2:
            surface.fill((250, 225, 250))      # 背景を薄いグレーにする
```

stateが0の場合、つまり、ゲーム開始前には「Hit space Key」というメッセージを表示します。

```
        if state == 0:
            dispmassage(surface, "Hit space Key", 120)
```

また、ゲーム中、すなわちstateが1の場合はボール（円）とラケット（線）を描きますが、ゲーム開始前にもボールとラケットを描いておくので、「state < 2」という条件でそのためのコードを実行します。

```
        if state < 2:
            # ボールを移動する
            ballx += dx; bally += dy
            # ボール（円）を描く
            pygame.draw.circle(surface, (0,255,255), (ballx, bally), ballr)
            # ラケット（線）を描く
            pygame.draw.line(surface, (0,0,0), (rcktx, rckty),
                                              (rcktx + rcktw, rckty), 3)

        pygame.display.update( )      # 表示の更新
```

何かを描くためのコードを実行したら「pygame.display.update()」を実行して実際に描画することを忘れないようにしましょう。

ゲームエンドのチェック

ゲームエンドのチェックはボールの位置（正確にはボールの下側）がウィンドウの底辺を超えたかどうかで判断し、ボールが底辺を超えていたらゲームオーバーの処理を行います。

```
        # ゲームエンドのチェック
        if state == 1:
            if bally+ballr > 300 :
```

```
            playbeep( )
            dispmassage(surface, "Game Over : Point=" + str(point), 120)
            dispmassage(surface, "[r]:Retry [Esc]:Quit", 160)
            state = 2
```

ボール衝突の判定

ゲーム中にウィンドウの上辺、左辺、右辺やボールにぶつかったときにはボールの進行方向を反転します。

```
# 衝突の判定
# 上辺、左辺、右辺（衝突したら方向を逆にする）
if bally-ballr<0: dy *= -1
if ballx-ballr<0: dx *= -1
if ballx+ballr>400: dx *= -1
# ラケットに衝突
if rcktx<ballx and ballx<rcktx+rcktw and bally+ballr>rckty :
    dy *= -1
```

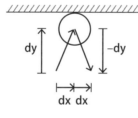

(dx, dy) だけ進んでいるボールが、上下辺に当たったら dy の符号を逆にし、左右辺に当たったら dx の符号を逆にする

図8.27●衝突したときの動作

キーイベントの処理

新しいイベント処理として追加する必要があるのは、スペースキー、Ｒキー、矢印キーのキー操作に対するコードです。

```
            # イベント処理
            for event in pygame.event.get( ):
                # キーを押したとき
                if event.type == KEYDOWN:
                    # スペースキーでスタート
                    if event.key == K_SPACE:
                        dx = random.randint(1, 9) - 4
                        if dx == 0: dx = 3
                        dy = 5
                        state = 1
                    # [R]キーで次のゲーム準備
                    if event.key == K_r:
                        state = 0
                        # 次のゲームの準備
                        ballx = 200; bally = 30      # ボールの座標
                        dx = 0; dy = 0; point = 0
                    # 矢印キーでラケットを動かす
                    if event.key == K_LEFT:
                        rcktx -= 8
                        if rcktx < 0: rcktx = 0
                    if event.key == K_RIGHT:
                        rcktx += 8
                        if rcktx > 400-rcktw: rcktx = 400-rcktw
                    # ESCキーなら終了
                    if event.key == K_ESCAPE:
                        pygame.quit( )
                        sys.exit( )
```

ループの最後で得点（point）をインクリメントします。

```
        if state == 1:
            point += 1
    pygame.time.delay(50)            # 少し待つ
```

その他のコードについてはこれまでの章で説明してきたことの応用にすぎません。

第8章 図形

プログラムコード

プログラム全体を次に示します。

リスト8.29●ball.py

```python
# ball.py
# -*- coding:UTF-8 -*-
import sys, platform
import pygame
import random
from pygame.locals import QUIT, KEYDOWN, K_ESCAPE, K_SPACE, K_LEFT, K_RIGHT, K_r
if platform.system( ) == 'Windows' :
    import winsound
else :
    import os

def playbeep( ) :
    if platform.system( ) == 'Windows' :
        winsound.Beep(880, 500)
    else :
        os.system('play -n synth 0.5 sin 880 > /dev/null 2>&1')

def dispmassage(sf, msg, h) :
    sysfont = pygame.font.SysFont(None, 36)
    message = sysfont.render(msg, True, (0,0,255))
    message_rect = message.get_rect( )
    message_rect.center = (200, h)
    sf.blit(message, message_rect)
    pygame.display.update( )    # 表示の更新

def main( ):
    random.seed( )
    pygame.init( )                          # pygameの初期化
    pygame.display.set_mode((400, 300))     # 画面の設定
    pygame.display.set_caption("ball")
    surface = pygame.display.get_surface( )
    surface.fill((250, 225, 250))           # 背景を薄いグレーにする

    # 変数
    ballx = 200; bally = 30       # ボールの座標
    ballr = 8                     # ボールの半径
```

```python
    dx = 0; dy = 0                      # ボールが進行する方向と量
    rcktx = 180                         # ラケットの座標
    rcktw = 40                          # ラケットの幅
    rckty = 280
    point = 0
    state = 0                           # 0=スタート前、1=ゲーム中、2=ゲームオーバー

    while (True) :
        if state < 2:
            surface.fill((250, 225, 250))    # 背景を薄いグレーにする
        if state == 0:
            dispmassage(surface, "Hit space Key", 120)
        if state < 2:
            # ボールを移動する
            ballx += dx; bally += dy
            # ボール（円）を描く
            pygame.draw.circle(surface, (0,255,255), (ballx, bally), ballr)
            # ラケット（線）を描く
            pygame.draw.line(surface, (0,0,0), (rcktx, rckty),
                                              (rcktx + rcktw, rckty), 3)

        pygame.display.update( )         # 表示の更新

        # ゲームエンドのチェック
        if state == 1:
            if bally+ballr > 300 :
                playbeep( )
                dispmassage(surface, "Game Over : Point=" + str(point), 120)
                dispmassage(surface, "[r]:Retry [Esc]:Quit", 160)
                state = 2

        # 衝突の判定
        # 上辺、左辺、右辺（衝突したら方向を逆にする）
        if bally-ballr<0: dy *= -1
        if ballx-ballr<0: dx *= -1
        if ballx+ballr>400: dx *= -1
        # ラケットに衝突
        if rcktx<ballx and ballx<rcktx+rcktw and bally+ballr>rckty :
            dy *= -1

        # イベント処理
        for event in pygame.event.get( ):
```

```python
                    # 画面のクローズボタンを押したとき
                    if event.type == QUIT:
                        pygame.quit( )
                        sys.exit( )
                    # キーを押したとき
                    if event.type == KEYDOWN:
                        # スペースキーでスタート
                        if event.key == K_SPACE:
                            dx = random.randint(1, 9) - 4
                            if dx == 0: dx = 3
                            dy = 5
                            state = 1
                        # [R]キーで次のゲーム準備
                        if event.key == K_r:
                            state = 0
                            # 次のゲームの準備
                            ballx = 200; bally = 30    # ボールの座標
                            dx = 0; dy = 0; point = 0
                        # 矢印キーでラケットを動かす
                        if event.key == K_LEFT:
                            rcktx -= 8
                            if rcktx < 0: rcktx = 0
                        if event.key == K_RIGHT:
                            rcktx += 8
                            if rcktx > 400-rcktw: rcktx = 400-rcktw
                        # ESCキーなら終了
                        if event.key == K_ESCAPE:
                            pygame.quit( )
                            sys.exit( )
            if state == 1:
                point += 1
        pygame.time.delay(50)          # 少し待つ

if __name__ == "__main__":
    main( )
```

練習問題

■8.1
ボールとラケットの色とサイズを変更してください。

■8.2
ball のボールの速度がだんだん速くなるようにしてください。

■8.3
ラケットの端部に当たった時のボールの動きが自然になるようにしてください。

第 9 章

イメージ

ここでは、イメージを利用してゲームを作成する方法を紹介します。

9.1 イメージの表示

ここでは、ゲームで使うイメージを表示する方法を説明します。

単純なイメージの表示

イメージをファイルから読み込むときには、pygame.image.load() を使います。書式は次の通りです。

```
pygame.image.load(filename)
```

filename には読み込むファイル名を指定します。Pygame のバージョンによって違いますが、画像読み込みを完全にサポートしている場合は、以下の形式のファイルを読み込むことができます．

- JPG
- PNG
- GIF（アニメーションはサポートしていない）
- BMP
- PCX
- TGA（非圧縮形式に限る）
- TIF
- LBM（、PBM）
- PBM（、PGM、PPM）
- XPM

ファイルが読み込まれると Surface が返されます。イメージを表示するときには、返されたサーフェスを surface.blit() を使って表示したいサーフェスにコピーします。たとえば次のようにします。

```python
# イメージをロードする
dog = pygame.image.load('sample.jpg')

# イメージをサーフェスにコピーする
surface.blit(dog, (50,10))
```

実行可能なプログラム全体は次のようになります。

リスト9.30●dispimage.py

```python
# dispimage.py
# -*- coding:UTF-8 -*-
import sys
import pygame
from pygame.locals import QUIT, KEYDOWN, K_ESCAPE

def main():
    pygame.init()                            # pygameの初期化
    pygame.display.set_mode((400, 300))      # 画面の設定
    pygame.display.set_caption("dispimage")
    surface = pygame.display.get_surface()
    surface.fill((220, 220, 220))            # 背景を薄いグレーにする

    dog = pygame.image.load('sample.jpg') # イメージをロードする

    while (True) :
        # イメージをサーフェスにコピーする
        surface.blit(dog, (50,10))

        pygame.display.update()     # 表示の更新
        # イベント処理
        for event in pygame.event.get():
            # 画面のクローズボタンを押したとき
            if event.type == QUIT:
                pygame.quit()
                sys.exit()
            # キーを押したとき
            if event.type == KEYDOWN:
                # ESCキーなら終了
                if event.key == K_ESCAPE:
                    pygame.quit()
```

```
            sys.exit()

        pygame.time.delay(100)      # 少し待つ

if __name__ == "__main__":
    main()
```

このプログラムの実行例を次に示します。

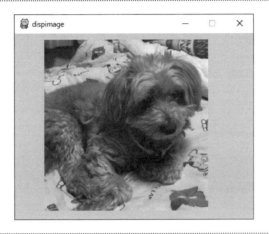

図9.28●dispimage

複数のイメージの表示

複数のイメージをファイルから読み込んで表示するときには、pygame.image.load( )を使ってロードしたイメージをリストに保存して使うと便利です。

```
images = []                         # イメージを保存するリスト

for i in range(0, 8):
    fname = "image%d.png" % i
    sf = pygame.image.load(fname)   # イメージをロードする
    images.append(sf)               # リストにイメージを保存する
```

複数のイメージを表示するときには、forループでsurface.blit()を呼び出して表示す

るサーフェスにイメージをコピーします。たとえば次のようにします。

```
# イメージをサーフェスにコピーする
for img in images:
    surface.blit(img, (x, y))
```

実行可能なプログラム全体は次のようになります。

リスト9.31●images.py

```
# dispimage.py
# -*- coding:UTF-8 -*-
import sys
import pygame
from pygame.locals import QUIT, KEYDOWN, K_ESCAPE

def main():
    pygame.init()                          # pygameの初期化
    pygame.display.set_mode((400, 300))    # 画面の設定
    pygame.display.set_caption("images")
    surface = pygame.display.get_surface()
    surface.fill((220, 220, 220))          # 背景を薄いグレーにする

    images = []                            # イメージを保存するリスト

    for i in range(0, 8):
        fname = "image%d.png" % i
        sf = pygame.image.load(fname)      # イメージをロードする
        images.append(sf)

    while (True) :
        x = 10; y = 20
        # イメージをサーフェスにコピーする
        for img in images:
            surface.blit(img, (x, y))
            x += 60
            if x > 240:
                x = 10; y = 80

        pygame.display.update()            # 表示の更新
        # イベント処理
```

```python
        for event in pygame.event.get():
            # 画面のクローズボタンを押したとき
            if event.type == QUIT:
                pygame.quit()
                sys.exit()
            # キーを押したとき
            if event.type == KEYDOWN:
                # ESCキーなら終了
                if event.key == K_ESCAPE:
                    pygame.quit()
                    sys.exit()

        pygame.time.delay(100)          # 少し待つ

if __name__ == "__main__":
    main()
```

このプログラムの実行例を次に示します。

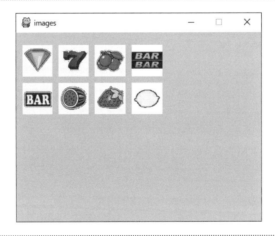

図9.29●imagesの実行結果

9.2 スロットマシン

ここでは、複数のイメージを使ったスロットマシンを作ります。

プログラムの概要

スロットマシンはいくつかの絵が描かれているリールと呼ぶものを回転させて、何らかの方法でリールの回転を止め、その時に表示される図柄の組み合わせで得点を得るものです。

スロットマシンにはいろいろな種類のものがあります。昔の映画に出てくるラスベガスのカジノにあるようなレバーを引くとリールが回って自動的に止まるのを待つもの、あるいは、ストップボタンが1個だけあってそれを押すと3個（またはそれ以上）のリールの回転が順次止まるもの、リールごとにストップボタンがあるもの、など、さまざまです。また、図柄の構成やその組み合わせによる得点、その他さまざまな点で異なるマシンがたくさんあります。

ここでは、リールが3個あり、Sキーを押すとリールの回転が始まり、スペースキーを押すとリールが止まるようにします。

図9.30●slot（起動時の状態）

スタートすると絵柄がどんどん変わります。

第 9 章　イメージ

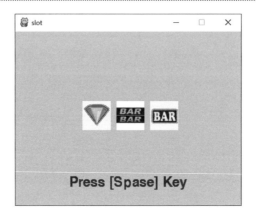

図9.31●slot（リールが回っている時の状態）

スペースキーを押すとリールの回転が止まって得点が表示されます。

図9.32●slot（リールを止めた時の状態）

そして、動作が停止した時の図柄の組み合わせが次の表のようになると、表に示した得点が得られるスロットマシンを作ることにします。

表9.13●slotの絵柄と得点

絵柄	呼称	得点
	ダイヤ	3個揃うと100点
	セブン	3個揃うと80点
	チェリー	3個揃うと60点、2個で20点、1個で5点
	BAR2	3個揃うと80点
	BAR	3個揃うと40点
	スイカ	
	イチゴ	
	レモン	

これらの絵柄やこの得点の設定は、プログラマが自由に変えることができます。あとで、絵柄や得点の設定の変更に挑戦してみてください。

データとイメージ

イメージは images というリストに、イメージをリールに表示するためのデータは、reelpos というリストに保存します。また、現在の状態を示す変数 state を用意します。

```
# 変数
images = []         # イメージを保存するリスト
reelpos = [1, 2, 3]
state = 0           # 0=スタート前、1=リール回転中、2=リール停止
```

第 9 章　イメージ

そして、リールに最初に表示する絵を選びます。

```python
# リールに最初に表示する絵を選ぶ
random.seed()
for i in range(3):
    reelpos[i] = random.randint(0, 7)
```

リールに表示する絵をロードするために pygame.image.load() を呼び出します。

```python
# リールに表示する絵をロードする
for i in range(0, 8):
    fname = "image%d.png" % i
    sf = pygame.image.load(fname)    # イメージをロードする
    images.append(sf)
```

メインループでは、まず背景を塗り替えてからリールの絵を表示します。

```python
while (True) :
    surface.fill((220, 220, 220))      # 背景を薄いグレーにする
    # リールを表示する
    for i in range(3):
        surface.blit(images[reelpos[i]], (120 + i * 60, 120))
    if state == 0:
        dispmassage(surface, "Start [S]Key", 260)
```

state が 1 のとき、すなわちリール回転中はリールのデータを示すリスト reelpos の値を変えます。

```python
    if state == 1:
        # リールを回転させる
        for i in range(3):
            reelpos[i] += 1
            if reelpos[i]>7:
                reelpos[i] = 0
        dispmassage(surface, "Press [Spase] Key", 260)
```

stateが2になったとき、つまり、リールが停止したら、止まった時のリールの状態（reelpos[n]、nは0～2）で得点を表示します。

```
if state == 2:
    # 止まった時のリールの状態で得点を表示する
    msg = "0 point"
    if reelpos[0] + reelpos[1] + reelpos[2]== 0:
        msg = "Point:100"
    if reelpos[0] == 1 and reelpos[1] == 1 and reelpos[2] == 1:
        msg = "Point:80"
    if reelpos[0] == 2 and reelpos[1] == 2 and reelpos[2] == 2:
        msg = "Point:60"
    if reelpos[0] == 2 and reelpos[1] == 2 and reelpos[2] != 2:
        msg = "Point:20"
    if reelpos[0] == 2 and reelpos[1] != 2 and reelpos[2] == 2:
        msg = "Point:20"
    if reelpos[0] != 2 and reelpos[1] == 2 and reelpos[2] == 2:
        msg = "Point:20"
    if reelpos[0] == 2 and reelpos[1] != 2 and reelpos[2] != 2:
        msg = "Point:5"
    if reelpos[0] != 2 and reelpos[1] == 2 and reelpos[2] != 2:
        msg = "Point:5"
    if reelpos[0] != 2 and reelpos[1] != 2 and reelpos[2] == 2:
        msg = "Point:5"
    if reelpos[0] == 3 and reelpos[1] == 3 and reelpos[2] == 3:
        msg = "Point:80"
    if reelpos[0] == 4 and reelpos[1] == 4 and reelpos[2] == 4:
        msg = "Point:40"
    dispmassage(surface, msg, 220)
    dispmassage(surface, "Press [S]Key", 260)
```

メッセージイベントの処理では、Sキーが押されたらリールの回転をスタートさせるためにstateを1にします。また、スペースキーが押されたらstateを2にします。

```
    # イベント処理
    for event in pygame.event.get():
        # キーを押したとき
        if event.type == KEYDOWN:
            # スペースキーでストップ
            if state==1 and event.key == K_SPACE:
```

```
                state = 2
            # [S]キーでスタート
            if event.key == K_s:
                state = 1
```

スロットマシンのプログラム全体は次のようになります。

リスト9.32●slot.py

```
# slot.py
# -*- coding:UTF-8 -*-
import sys, platform
import pygame
import random
from pygame.locals import QUIT, KEYDOWN, K_ESCAPE, K_SPACE, K_LEFT, K_RIGHT, K_s
if platform.system() == 'Windows' :
    import winsound
else :
    import os

def playbeep() :
    if platform.system() == 'Windows' :
        winsound.Beep(880, 500)
    else :
        os.system('play -n synth 0.5 sin 880 > /dev/null 2>&1')

def dispmassage(sf, msg, h) :
    sysfont = pygame.font.SysFont(None, 36)
    message = sysfont.render(msg, True, (0,0,255))
    message_rect = message.get_rect()
    message_rect.center = (200, h)
    sf.blit(message, message_rect)
    pygame.display.update()      # 表示の更新

def main():
    pygame.init()                         # pygameの初期化
    pygame.display.set_mode((400, 300))   # 画面の設定
    pygame.display.set_caption("slot")
    surface = pygame.display.get_surface()

    # 変数
    images = []       # イメージを保存するリスト
```

```
reelpos = [1, 2, 3]
state = 0          # 0=スタート前、1=リール回転中、2=リール停止
# リールに最初に表示する絵を選ぶ
random.seed()
for i in range(3):
    reelpos[i] = random.randint(0, 7)

# リールに表示する絵をロードする
for i in range(0, 8):
    fname = "image%d.png" % i
    sf = pygame.image.load(fname)   # イメージをロードする
    images.append(sf)

while (True) :
    surface.fill((220, 220, 220))      # 背景を薄いグレーにする
    # リールを表示する
    for i in range(3):
        surface.blit(images[reelpos[i]], (120 + i * 60, 120))
    if state == 0:
        dispmassage(surface, "Start [S]Key", 260)
    if state == 1:
        # リールを回転させる
        for i in range(3):
            reelpos[i] += 1
            if reelpos[i]>7:
                reelpos[i] = 0
        dispmassage(surface, "Press [Spase] Key", 260)
    if state == 2:
        # 止まった時のリールの状態で得点を表示する
        msg = "0 point"
        if reelpos[0] + reelpos[1] + reelpos[2]== 0:
            msg = "Point:100"
        if reelpos[0] == 1 and reelpos[1] == 1 and reelpos[2] == 1:
            msg = "Point:80"
        if reelpos[0] == 2 and reelpos[1] == 2 and reelpos[2] == 2:
            msg = "Point:60"
        if reelpos[0] == 2 and reelpos[1] == 2 and reelpos[2] != 2:
            msg = "Point:20"
        if reelpos[0] == 2 and reelpos[1] != 2 and reelpos[2] == 2:
            msg = "Point:20"
        if reelpos[0] != 2 and reelpos[1] == 2 and reelpos[2] == 2:
            msg = "Point:20"
```

```python
                if reelpos[0] == 2 and reelpos[1] != 2 and reelpos[2] != 2:
                    msg = "Point:5"
                if reelpos[0] != 2 and reelpos[1] == 2 and reelpos[2] != 2:
                    msg = "Point:5"
                if reelpos[0] != 2 and reelpos[1] != 2 and reelpos[2] == 2:
                    msg = "Point:5"
                if reelpos[0] == 3 and reelpos[1] == 3 and reelpos[2] == 3:
                    msg = "Point:80"
                if reelpos[0] == 4 and reelpos[1] == 4 and reelpos[2] == 4:
                    msg = "Point:40"
                dispmassage(surface, msg, 220)
                dispmassage(surface, "Press [S]Key", 260)

        pygame.display.update()         # 表示の更新
        # イベント処理
        for event in pygame.event.get():
            # 画面のクローズボタンを押したとき
            if event.type == QUIT:
                pygame.quit()
                sys.exit()
            # キーを押したとき
            if event.type == KEYDOWN:
                # スペースキーでストップ
                if state==1 and event.key == K_SPACE:
                    playbeep()
                    state = 2
                # [S]キーでスタート
                if event.key == K_s:
                    state = 1
                # ESCキーなら終了
                if event.key == K_ESCAPE:
                    pygame.quit()
                    sys.exit()

        pygame.time.delay(50)           # 少し待つ

if __name__ == "__main__":
    main()
```

練習問題

■9.1
リールに表示するイメージを変更してください。

■9.2
リールが回っている間、サウンドが鳴るようにしてください。

■9.3
それぞれのリールの回転速度を変えてください。

第10章

思考ゲーム

ここでは、マウスを扱う方法と、コンピュータが考える能力を持つゲームを作成する方法を紹介します。

10.1 マウス

キーボードのキーの押し下げと同様に、マウスのクリックもイベントとして表されます。

マウスクリック

マウスクリックは MOUSEBUTTONDOWN イベントです。クリックされたときの位置は event.pos に入っています。

マウスがクリックされた位置をプログラムの中で保存するには、event.type が MOUSEBUTTONDOWN であるときに、event.pos の値をリストに追加します。

```
mousepos = []    # マウスの座標を保存するためのリスト

while (True) :
    # イベント処理
    for event in pygame.event.get():
        # マウスをクリックしたとき
        if event.type == MOUSEBUTTONDOWN:
            # マウスがクリックされた
            mousepos.append(event.pos)   # マウスの座標をリストに保存する
```

マウスがクリックされた位置に円を描くには、上に示したコードでマウスクリックイベントでマウスの座標を保存し、リストの中の位置にそれぞれ円を描きます。

```
# クリックされた位置に円を描く
for x, y in mousepos:
    pygame.draw.circle(surface, (0,0,0), (x, y), 5)
```

マウスがクリックされた位置に円を描くプログラム全体を次に示します。

リスト10.33●mouse.py

```
# mouse.py
# -*- coding:UTF-8 -*-
import sys
import pygame
```

```python
from pygame.locals import QUIT, KEYDOWN, K_ESCAPE, MOUSEBUTTONDOWN

def main():
    pygame.init()                               # pygameの初期化
    pygame.display.set_mode((400, 300)) # 画面の設定
    pygame.display.set_caption("mouse")
    surface = pygame.display.get_surface()
    surface.fill((220, 220, 220))              # 背景を薄いグレーにする

    mousepos = []      # マウスの座標を保存するためのリスト

    while (True) :
        # イベント処理
        for event in pygame.event.get():
            # 画面のクローズボタンを押したとき
            if event.type == QUIT:
                pygame.quit()
                sys.exit()
            # キーを押したとき
            if event.type == KEYDOWN:
                # ESCキーなら終了
                if event.key == K_ESCAPE:
                    pygame.quit()
                    sys.exit()
            # マウスをクリックしたとき
            if event.type == MOUSEBUTTONDOWN:
                #  マウスの座標をリストに保存する
                mousepos.append(event.pos)

        # クリックされた位置に円を描く
        for x, y in mousepos:
            pygame.draw.circle(surface, (0,0,0), (x, y), 5)

        pygame.display.update()        # 表示の更新

        pygame.time.delay(100)         # 少し待つ

if __name__ == "__main__":
    main()
```

このプログラムを起動してウィンドウの中を5箇所クリックした例を次に示します。

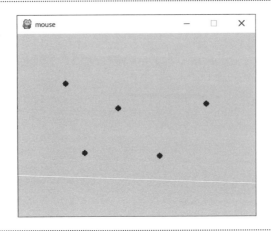

図10.33●mouse

10.2 マルバツゲーム

ここでは、コンピュータと対戦する単純なゲームを作成します。

プログラムの概要

マルバツゲームは、三目並べともいい、3×3のマスの中に○または×を順に描いて、縦横斜めのいずれかで同じ印が3個並ぶと勝ちという単純なゲームです。

図10.34●マルバツゲーム

ここで作成するmarubatsu（マルバツ）は、この単純なゲームを、コンピュータを相手に

対戦できるようにしたものです。

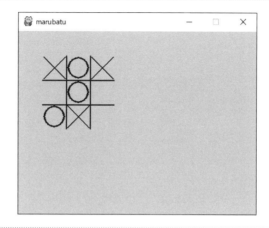

図10.35●marubatsu

ただし、プログラムが複雑に（長く）なり過ぎるので、勝つためのロジックは完全には組み込んでありません。また勝ち負けを判定してゲームオーバーにする機能も組み込んでありません。これらの点を改良するのは、読者の課題です。

盤と○×

マルバツゲームをやるための井のような形の場を、ここでは「盤」と呼び、そこにマークを書くことを「手」と呼びます。

最初に、次のようなことを決めておきます。

まず、盤上の手を打つ場所（マスと呼びます）に、左上から右下に次のように順に番号を振ります。

0	1	2
3	4	5
6	7	8

図10.36●盤上の場所の番号

盤を描くためにここでは pygame の描画メソッドを使いますが、その際の座標は次の図に示す通りです。たとえば、0 の位置に×を描くときの中心位置は (60, 60)、3 の位置に○を描くときの中心位置は (60, 100) になります。

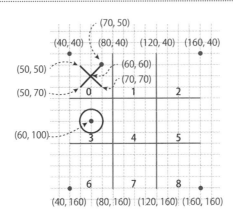

図10.37●盤の座標

この座標の値は、ゲーム中にゲーマーの番の時にマウスでクリックされたマスを識別するためにも使います（後述）。

盤とマルとバツを描くコードは、すでに示した marubatu0.py のコードを使います。

変数

まず、プログラム全体を通じて使う基本的な情報を保存する変数として次の変数を宣言します。

```
# 盤上の場所の値を入れるためのリスト 値は-1,0,1
box = [-1,-1,-1,-1,-1,-1,-1,-1,-1]

first = 99        # 0ならコンピュータ、1ならゲーマーが先手
te = -1           # 打っている手、最初の手を打つと0
```

box は盤のマスに表示する図形を表す値を保存するリストです。

ゲーム開始

ゲームは、ユーザーがキーボードの0キーか1キーを押したときに開始するものとし、0キーを押すとコンピュータが先手、1キーを押すとゲーマーが先手になるようにします。

そのために最初に次のような情報を表示します。

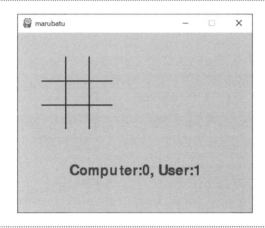

図10.38●marubatsuスタート時の状態

この文字列を表示するコードはメインループの前に入れても良いですし、メインループの中に記述するなら、次のように te が0より小さい時（コンピュータもゲーマーもまだマルやバツを打ってないとき）に表示します。

```
if te == -1:
    # 文字列を表示する
    msg = "Computer:0, User:1"
    dispmassage(surface, msg, 230)
```

キーボードのキーが押されたときのイベント処理では、次のようにします。

```
# イベント処理
for event in pygame.event.get():
    ⋮
    # キーを押したとき
    if event.type == KEYDOWN:
        # ESCキーなら終了
        ⋮
```

```
                            # [0]キーならコンピュータが先手
                            if event.key == K_0 or event.key == K_KP0 :
                                first = 0
                                n = compute(box, te)
                                if n != 99:
                                    box[n] = 0
                                drawmarubatu(surface, box, te)
                                pygame.display.update()      # 表示の更新
                                te += 1
                            # [1]キーならゲーマーが先手
                            if event.key == K_1 or event.key == K_KP1 :
                                first  = 1
```

キーボードの0キー（K_0）またはキーボードの右側にあるキーパッドの0キー（K_KP0）が押されたら、コンピュータが先手なので、そのことを示す変数firstに0をセットして、コンピュータの次の手を考える関数compute()を呼び出し（compute()については後述）、boxにそのマス番号を保存します。そして、第2の引数が偶数ならマル、奇数ならバツを描く関数drawmarubatu()を呼び出します。

押されたキーが1キー（K_1かK_KP1）ならゲーマーが先手なので、そのことを示す値をfirstに保存してゲーマーが盤のどこかのマスをクリックするのを待ちます。

思考コード

コンピュータの次の手を考える関数compute()は、サンプルプログラムなので簡略化しましたが、それでも少し長くなります。

```
# コンピュータの次の手を考える
def compute(box, te):
    if te == -1:        # コンピュータが先手
        x = random.randint(0, 4)
        if x==0:  return 0      # 角か中央をとる
        if x==1:  return 2
        if x==2:  return 6
        if x==3:  return 8
        if x==4:  return 4
    # 横に調べる
    for i in range(2):
        if box[0] == -1 and box[1] == i and box[2] == i:
```

```
            return 0
        if box[0] == i and box[1] == -1 and box[2] == i:
            return 1
        if box[0] == i and box[1] == i and box[2] == -1:
            return 2
        if box[3] == -1 and box[4] == i and box[5] == i:
            return 3
        if box[3] == i and box[4] == -1 and box[5] == i:
            return 4
        if box[3] == i and box[4] == i and box[5] == -1:
            return 5
        if box[6] == -1 and box[7] == i and box[8] == i:
            return 6
        if box[6] == i and box[7] == -1 and box[8] == i:
            return 7
        if box[6] == i and box[7] == i and box[8] == -1:
            return 8
    # 縦に調べる
    for i in range(2):
        if box[0] == -1 and box[3] == i and box[6] == i :
            return 0
        if box[0] == i and box[3] == -1 and box[6] == i :
            return 3
        if box[0] == i and box[3] == i and box[6] == -1 :
            return 6
        if box[1] == -1 and box[4] == i and box[7] == i :
            return 1
        if box[1] == i and box[4] == -1 and box[7] == i :
            return 4
        if box[1] == i and box[4] == i and box[7] == -1 :
            return 7
        if box[2] == -1 and box[5] == i and box[8] == i :
            return 2
        if box[2] == i and box[5] == -1 and box[8] == i :
            return 5
        if box[2] == i and box[5] == i and box[8] == -1 :
            return 8
    # 斜めに調べる
    for i in range(2):
        if box[0] == -1 and box[4] == i and box[8] == i :
            return 0
        if box[0] == i and box[4] == -1 and box[8] == i :
```

```
            return 4
        if box[0] == i and box[4] == i and box[8] == -1 :
            return 8
        if box[2] == -1 and box[4] == i and box[6] == i :
            return 2
        if box[2] == i and box[4] == -1 and box[6] == i :
            return 4
        if box[2] == i and box[4] == i and box[6] == -1 :
            return 6
    # それ以外
    for x in range(9):
        if box[x] == -1:
            return x
    return 99
```

まず、この関数 compute() が呼び出されたときに te が–1 のときには、コンピュータが先手で最初の手なので、角か中央を取るのが定石です。ここでは、角と中央のどれかを乱数で選んで、選んだ 1 つの番号を返します。

```
    if te == -1:       # コンピュータが先手
        x = random.randint(0, 4)
        if x==0:   return 0       # 角か中央をとる
        if x==1:   return 2
        if x==2:   return 6
        if x==3:   return 8
        if x==4:   return 4
```

コンピュータが 2 手目以降であるなら、まず、マルまたはバツが横方向に 2 つあって、かつ、残りの 1 つのマスが空いているかどうか調べます。

たとえば、次の図のようにマス 3 と 4 にマルが打ってあるなら、次にマルかバツを打つべき場所は 5 です（攻める場合でも守る場合でも最優先されるマスは同じです）。

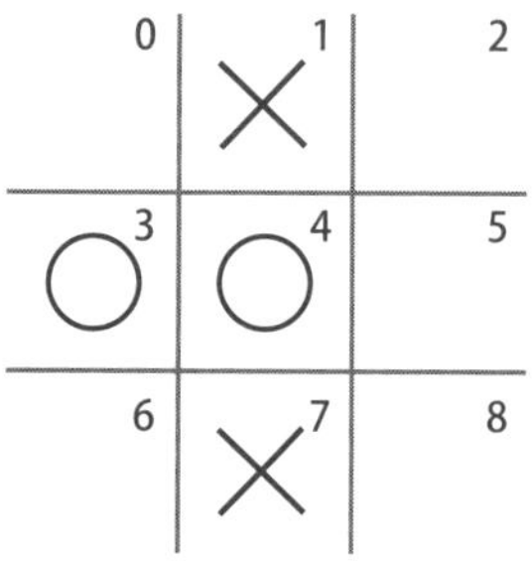

図10.39●次に打つべき手が決まっている場合

　そこで、たとえば、box[3]、box[4]、box[5]の2つがマルで残りのマスか空いているか調べます。同様にbox[3]、box[4]、box[5]の2つがバツで残りのマスか空いているか調べる必要もあるので、for文で2つのケースを調べます。

```
# 横に調べる
   for i in range(2):
       if box[3] == -1 and box[4] == i and box[5] == i:
           return 3
       if box[3] == i and box[4] == -1 and box[5] == i:
           return 4
       if box[3] == i and box[4] == i and box[5] == -1:
           return 5
```

これを横方向すべてに対して実行します。

```
# 横に調べる
   for i in range(2):
       if box[0] == -1 and box[1] == i and box[2] == i:
           return 0
       if box[0] == i and box[1] == -1 and box[2] == i:
           return 1
       if box[0] == i and box[1] == i and box[2] == -1:
           return 2
       if box[3] == -1 and box[4] == i and box[5] == i:
           return 3
       if box[3] == i and box[4] == -1 and box[5] == i:
           return 4
```

```
            if box[3] == i and box[4] == i and box[5] == -1:
                return 5
            if box[6] == -1 and box[7] == i and box[8] == i:
                return 6
            if box[6] == i and box[7] == -1 and box[8] == i:
                return 7
            if box[6] == i and box[7] == i and box[8] == -1:
                return 8
```

同様に縦方向にもマスの 2 つが同じで残りの 1 つが開いているかどうか調べます。

```
        # 縦に調べる
        for i in range(2):
            if box[0] == -1 and box[3] == i and box[6] == i :
                return 0
            if box[0] == i and box[3] == -1 and box[6] == i :
                return 3
            if box[0] == i and box[3] == i and box[6] == -1 :
                return 6
            if box[1] == -1 and box[4] == i and box[7] == i :
                return 1
            if box[1] == i and box[4] == -1 and box[7] == i :
                return 4
            if box[1] == i and box[4] == i and box[7] == -1 :
                return 7
            if box[2] == -1 and box[5] == i and box[8] == i :
                return 2
            if box[2] == i and box[5] == -1 and box[8] == i :
                return 5
            if box[2] == i and box[5] == i and box[8] == -1 :
                return 8
```

同じ考え方で斜め方向も調べます。

```
        # 斜めに調べる
        for i in range(2):
            if box[0] == -1 and box[4] == i and box[8] == i :
                return 0
            if box[0] == i and box[4] == -1 and box[8] == i :
                return 4
            if box[0] == i and box[4] == i and box[8] == -1 :
```

```
            return 8
    if box[2] == -1 and box[4] == i and box[6] == i :
            return 2
    if box[2] == i and box[4] == -1 and box[6] == i :
            return 4
    if box[2] == i and box[4] == i and box[6] == -1 :
            return 6
```

これらの状態でない場合は、（この段階では）空いているマスどれでも良いのでランダムに選びます。

```
# それ以外
    for x in range(9):
        if box[x] == -1:
            return x
    return 99
```

ただし、これはきわめて単純化したコードです。この方法ではコンピュータは必ずしも勝てません。

このコンピュータの手を考える関数の内容は、さらに洗練させることができ、最後のコラムに示すように、マスごとの重みを計算する方法に変えることもできます。

マウスクリック

ゲーマーがマウスをクリックしたときには、

- マウスの座標から盤上の場所の番号を得てリストに保存する
- コンピュータの次の手を考える

という処理が必要です。

```
# マウスをクリックしたとき
elif (first == 0 and te % 2==0) or (first == 1 and te % 2 == 1):
    if event.type == MOUSEBUTTONDOWN:
            マウスの座標から盤上の場所の番号を得てリストに保存する
            コンピュータの次の手を考える
```

マウスの座標から盤上の場所の番号を決定して返す関数をpos2no()とすると、クリックされたマスの番号をマスのリストに保存するには次のようにします。

```
x, y = event.pos
n = pos2no(x, y)
if first == 0:              # コンピュータが先手
    box[n] = 1
else :
    box[n] = 0
```

ただし、マスの外やすでにマルかバツがあるところをクリックしたらそれはクリックエラーなので、クリックエラーの時にはpos2no()が99を返すようにして、ビープを鳴らします(返す値は99でなくてもかまいませんが異常であることがわかりやすい数にする必要があります)。

```
if n == 99 or box[n] == 0 or  box[n] == 1:
    playbeep()
```

pos2no()では、マウスクリックの位置と、マスの最小最大の座標を比較して位置を返します。

たとえば、40 < x で x < 80 かつ 40 < y で y < 80 であるならマス0であると決定します。

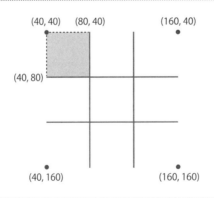

図10.40●マウスクリックとマス

```
# 座標から盤上の番号を求める
def pos2no(x, y) :
    if (x>40 and x<80 and y >40 and y <80) :
```

```
        return 0
elif (x>80 and x<120 and y >40 and y <80) :
    return 1
elif (x>120 and x<160 and y >40 and y <80) :
    return 2
elif (x>40 and x<80 and y >80 and y <120) :
    return 3
elif (x>80 and x<120 and y >80 and y <120) :
    return 4
elif (x>120 and x<160 and y >80 and y <120) :
    return 5
elif (x>40 and x<80 and y >120 and y <160) :
    return 6
elif (x>80 and x<120 and y >120 and y <160) :
    return 7
elif (x>120 and x<160 and y >120 and y <160) :
    return 8
else :
    return 99
```

コンピュータの次の手を考える関数についてはすでに説明しました。

マウス処理の一連のコードは次のようになります。

```
# マウスをクリックしたとき
    if event.type == MOUSEBUTTONDOWN:
        #   マウスの座標から盤上の場所の番号を得てリストに保存する
        x, y = event.pos
        n = pos2no(x, y)
        #  print ("n=", n)   デバッグ用print文
        if n == 99 or box[n] == 0 or  box[n] == 1:
            playbeep()
        else :
            if first == 0:
                box[n] = 1
            else :
                box[n] = 0
            drawmarubatu(surface, box, te)
            pygame.display.update()      # 表示の更新
            te += 1
            n = compute(box, te) # コンピュータの次の手を考える
            if n != 99:
```

```
                        if first == 0:
                            box[n] = 0
                        else :
                            box[n] = 1
                    te += 1
```

プログラム全体は次のようになります。

リスト10.34●marubatsu0.py

```
# drawmisc.py
# -*- coding:UTF-8 -*-
import sys, os, platform
import random
import pygame
from pygame.locals import QUIT, KEYDOWN, K_ESCAPE, K_0, K_KP0, K_1, K_KP1, ¥
                                                                MOUSEBUTTONDOWN
if platform.system() == 'Windows' :
    import winsound
else :
    import os

def playbeep() :
    if platform.system() == 'Windows' :
        winsound.Beep(880, 500)
    else :
        os.system('play -n synth 0.5 sin 880 > /dev/null 2>&1')

def dispmassage(sf, msg, h) :
    sysfont = pygame.font.SysFont(None, 36)
    message = sysfont.render(msg, True, (0,0,255))
    message_rect = message.get_rect()
    message_rect.center = (200, h)
    sf.blit(message, message_rect)
    pygame.display.update()      # 表示の更新

# nが偶数ならマル、奇数ならバツを描く
def drawmarubatu(sf, box, n):
    x = 60; y = 60
    if (n==1):
        x = 100; y = 60
    if (n==2):
```

```
            x = 140; y = 60
    if (n==3):
            x = 60; y = 100
    if (n==4):
            x = 100; y = 100
    if (n==5):
            x = 140; y = 100
    if (n==6):
            x = 60; y = 140
    if (n==7):
            x = 100; y = 140
    if (n==8):
            x = 140; y = 140
    if (box[n] == 0):
            # マルを描く
            pygame.draw.circle(sf, (0,0,0), (x, y), 18, 2)
    elif (box[n] == 1):
            # バツを描く
            pygame.draw.line(sf, (0,0,0), (x-18, y-18), (x+18, y+18), 2)
            pygame.draw.line(sf, (0,0,0), (x-18, y+18), (x+18, y-18), 2)

# 座標から盤上の番号を求める
def pos2no(x, y) :
    if (x>40 and x<80 and y >40 and y <80) :
        return 0
    elif (x>80 and x<120 and y >40 and y <80) :
        return 1
    elif (x>120 and x<160 and y >40 and y <80) :
        return 2
    elif (x>40 and x<80 and y >80 and y <120) :
        return 3
    elif (x>80 and x<120 and y >80 and y <120) :
        return 4
    elif (x>120 and x<160 and y >80 and y <120) :
        return 5
    elif (x>40 and x<80 and y >120 and y <160) :
        return 6
    elif (x>80 and x<120 and y >120 and y <160) :
        return 7
    elif (x>120 and x<160 and y >120 and y <160) :
        return 8
    else :
```

```
            return 99

# コンピュータの次の手を考える
def compute(box, te):
    if te == -1:      # コンピュータが先手
        x = random.randint(0, 4)
        if x==0:  return 0       # 角か中央をとる
        if x==1:  return 2
        if x==2:  return 6
        if x==3:  return 8
        if x==4:  return 4
    # 横に調べる
    for i in range(2):
        if box[0] == -1 and box[1] == i and box[2] == i:
            return 0
        if box[0] == i and box[1] == -1 and box[2] == i:
            return 1
        if box[0] == i and box[1] == i and box[2] == -1:
            return 2
        if box[3] == -1 and box[4] == i and box[5] == i:
            return 3
        if box[3] == i and box[4] == -1 and box[5] == i:
            return 4
        if box[3] == i and box[4] == i and box[5] == -1:
            return 5
        if box[6] == -1 and box[7] == i and box[8] == i:
            return 6
        if box[6] == i and box[7] == -1 and box[8] == i:
            return 7
        if box[6] == i and box[7] == i and box[8] == -1:
            return 8
    # 縦に調べる
    for i in range(2):
        if box[0] == -1 and box[3] == i and box[6] == i :
            return 0
        if box[0] == i and box[3] == -1 and box[6] == i :
            return 3
        if box[0] == i and box[3] == i and box[6] == -1 :
            return 6
        if box[1] == -1 and box[4] == i and box[7] == i :
            return 1
        if box[1] == i and box[4] == -1 and box[7] == i :
```

```python
            return 4
        if box[1] == i and box[4] == i and box[7] == -1 :
            return 7
        if box[2] == -1 and box[5] == i and box[8] == i :
            return 2
        if box[2] == i and box[5] == -1 and box[8] == i :
            return 5
        if box[2] == i and box[5] == i and box[8] == -1 :
            return 8
    # 斜めに調べる
    for i in range(2):
        if box[0] == -1 and box[4] == i and box[8] == i :
            return 0
        if box[0] == i and box[4] == -1 and box[8] == i :
            return 4
        if box[0] == i and box[4] == i and box[8] == -1 :
            return 8
        if box[2] == -1 and box[4] == i and box[6] == i :
            return 2
        if box[2] == i and box[4] == -1 and box[6] == i :
            return 4
        if box[2] == i and box[4] == i and box[6] == -1 :
            return 6
    # それ以外
    for x in range(9):
        if box[x] == -1:
            return x
    return 99

def main():
    pygame.init()                          # pygameの初期化
    pygame.display.set_mode((400, 300)) # 画面の設定
    pygame.display.set_caption("marubatu")
    surface = pygame.display.get_surface()
    surface.fill((220, 220, 220))          # 背景を薄いグレーにする

    random.seed()

    # 盤上の場所の値を入れるためのリスト 値は-1,0,1
    box = [-1,-1,-1,-1,-1,-1,-1,-1,-1]
    first = 99                             # 0ならコンピュータ、1ならゲーマーが先手
    te = -1
```

```python
while (True) :
    surface.fill((220, 220, 220))     # 背景を薄いグレーにする
    # 横線を描く
    pygame.draw.line(surface, (0,0,0), (40, 80), (160, 80), 2)
    pygame.draw.line(surface, (0,0,0), (40, 120), (160, 120), 2)
    # 縦線を描く
    pygame.draw.line(surface, (0,0,0), (80, 40), (80, 160), 2)
    pygame.draw.line(surface, (0,0,0), (120, 40), (120, 160), 2)

    if te == -1:
        # 文字列を表示する
        msg = "Computer:0, User:1"
        dispmassage(surface, msg, 230)

    if te >= 0:
        # マルバツを描く
        for i in range(9):
            drawmarubatu(surface, box, i)
    pygame.display.update()           # 表示の更新

    # イベント処理
    for event in pygame.event.get():
        # 画面のクローズボタンを押したとき
        if event.type == QUIT:
            pygame.quit()
            sys.exit()
        # キーを押したとき
        if event.type == KEYDOWN:
            # ESCキーなら終了
            if event.key == K_ESCAPE:
                pygame.quit()
                sys.exit()
            # [0]キーならコンピュータが先手
            if event.key == K_0 or event.key == K_KP0 :
                first = 0
                n = compute(box, te)
                if n != 99:
                    box[n] = 0
                drawmarubatu(surface, box, te)
                pygame.display.update()     # 表示の更新
                te += 1
```

```python
                        # [1]キーならゲーマーが先手
                        if event.key == K_1 or event.key == K_KP1 :
                            first  = 1
                # マウスをクリックしたとき
                elif (first == 0 and te % 2==0) or (first == 1 and te % 2 == 1):
                    if event.type == MOUSEBUTTONDOWN:
                        # マウスの座標から盤上の場所の番号を得てリストに保存する
                        x, y = event.pos
                        n = pos2no(x, y)
                        # print ("n=", n)   デバッグ用print文
                        if n == 99 or box[n] == 0 or  box[n] == 1:
                            playbeep()
                        else :
                            if first == 0:
                                box[n] = 1
                            else :
                                box[n] = 0
                            drawmarubatu(surface, box, te)
                            pygame.display.update()      # 表示の更新
                            te += 1
                            n = compute(box, te) # コンピュータの次の手を考える
                            if n != 99:
                                if first == 0:
                                    box[n] = 0
                                else :
                                    box[n] = 1
                                te += 1

        pygame.time.delay(100)          # 少し待つ

if __name__ == "__main__":
    main()
```

> **COLUMN**
>
> **コンピュータを強くする方法**
>
> 　コンピュータがより良い手を選ぶために、ウェイト（重み）という概念を使うことができます。これは、個々のマスの重みの値を保存する変数を作って、勝つ可能性がより高いマスにより高い数値を保存します。そして、最後に、重みがいちばん大きなマスを検索して、そのマスに次の手を打つという方法です。
>
> 　ウェイトを計算するコードを洗練させればさせるほどコンピュータが強くなります。たとえば、相手が次の一手で勝つパターンであるかどうか調べて、それを阻止する位置のウェイトを重くします。2手以上先の手を想定して最適なマスの場所を計算すればさらに洗練させることができます。そしてそれぞれのマスのウェイトが決定したら、ウェイトが最も高いマスを探して、コンピュータの手（先手なら○、後手なら×）を描きます（これは読者の課題です）。

練習問題

■10.1

drawmiscで図形の色を変更してください（掲載リストは印刷の都合上、色を黒または濃いグレーにしてあります）。

■10.2

マルバツゲームにゲームオーバーを判定する機能を追加してください。

■10.3

マルバツゲームをコンピュータが必ず勝つか引き分けるようになるまで強くしてください。

付 録

付録 A	Python の使い方
付録 B	トラブルシューティング
付録 C	練習問題解答例
付録 D	参考リソース

付録A Pythonの使い方

ここでは、Pythonのインストールと環境設定、基本的な使い方について説明します。

A.1 Pythonのバージョン

本書執筆時点での最新版はバージョン 3.7.3 です。特に理由がなければ、最新バージョンをインストールしてください。

Python 2.x と Python 3.x は互換性がない部分が数多くあります。本書にそって学習する場合は Python 3.6 以降をインストールすることを推奨します。

本書の GUI アプリでグラフィックスの基礎として tkinter を使っているために、Tk をサポートする Python が必要です。また、使用する Python のバージョンに適合した pygame というモジュールをインストールする必要があります。

A.2 インストール

Python の Web サイト（https://www.python.org/）の「Download」からプラットフォームとバージョンを選択してインストールします。選択したプラットフォーム/バージョンにインストーラーやインストールパッケージが用意されている場合は、それをダウンロードしてインストールする方法が最も容易なインストール方法です。

Linux や macOS の場合は、ディストリビューションに Python のパッケージが含まれている場合が多く、特に Python をインストールしなくても Python を使える場合が多いでしょう。ただし、インストールされているのが Python 2.x であったり、Python がインストールされていない場合は、Python の Web サイト（https://www.python.org/）から Python 3.x をイン

ストールします。

Linux や macOS など UNIX 系 OS の環境は多様で、環境によってインストール方法も異なります。特定の環境に対するインストールに関するご質問にはお答えできません。必要に応じて Web で検索してください。

Linux など UNIX 系 OS でパッケージ管理アプリがあって、それを使って 3.6 以降の Python をインストールできる場合はそれを使ってインストールするのが良いでしょう。

Linux など UNIX 系 OS でソースコードをダウンロードしてからビルドしてインストールする場合の標準的な手順は次の通りです。

```
cd /tmp
wget http://www.python.org/ftp/python/3.7.0/Python-3.7.0.tgz
tar -xzvf Python-3.7.0.tgz
cd Python-3.7.0
./configure
make
make test
sudo make install
```

■**パッケージのインストール**

Linux など UNIX 系 OS で apt をサポートしている場合に、特定のパッケージ *package* をインストールするときには、典型的には次のコマンドを使います。

```
sudo apt install package
```

たとえば、python3-tk パッケージをインストールするには次のようにします。

```
$ sudo apt install python3-tk
```

また、たとえば、idle パッケージをインストールするには次のようにします。

```
$ sudo apt install idle
```

Linuxでyum/rpmをサポートしている場合には次の手順でインストールできます。
まず、IUSというリポジトリを追加します。

```
$ sudo yum install -y https://centos7.iuscommunity.org/ius-release.rpm
```

最新の3.x（次の例では3.6）の必要なパッケージをインストールします。

```
$ sudo yum install python36u python36u-libs python36u-devel python36u-pip
```

次のようにすることでパッケージを検索することができます。

```
$ sudo yum search python36
```

tkinterパッケージを検索してインストールするときには、たとえば次のようにします。

```
$ sudo yum search tk
$ sudo yum install python36u-tkinter.x86_64
```

これらの情報は本書執筆時点の情報です。URLやバージョンなどは変わる可能性があります。

■pygameのインストール

pygameをインストールするときには、次のコマンドラインを使います。

```
python -m pip install pygame
```

次の例はpython3.7からpygameをインストールしたときの状況です。

```
C:¥Users¥notes>py -m pip install pygame
Collecting pygame
  Downloading https://files.pythonhosted.org/packages/ed/56/b63ab3724acff69f4080e
54c4bc5f55d1fbdeeb19b92b70acf45e88a5908
/pygame-1.9.6-cp37-cp37m-win_amd64.whl (4.3MB)
    100% |████████████████████████████████| 4.3MB 3.4MB/s
Installing collected packages: pygame
Successfully installed pygame-1.9.6
You are using pip version 19.0.3, however version 19.1.1 is available.
You should consider upgrading via the 'python -m pip install --upgrade pip'
command.
```

なお、このコマンドを実行するときには、環境によっては管理者（ルート）として実行する必要がある場合があります。

また、下記の pygame のサイトから適切なファイルをダウンロードして pygame をインストールすることもできます。

　　　　http://pygame.org/download.shtml

たとえば、Windows で pygame をインストールするときに、上記の pygame のサイトからインストーラー（.msi ファイル）か実行可能ファイル（.exe ファイル）をダウンロードして実行することもできます。

pygame インストール後には、「python -m pygame.examples.aliens」でエイリアンゲームが開いてプレイできれば pygame は正常にインストールされていることが確認できます。

A.3　環境設定

Windows の場合、Windows のアプリケーションリストやスタートメニューから「Python X.Y」（X.Y はバージョン番号）を選び、Python（command line）や IDLE（Python GUI）を選択して Python を実行する場合には、環境設定は特に必要ありません。

他の OS でシステムに Python があらかじめインストールされている場合にも通常は環境設

定は特に必要ありません。

環境設定を自分で行う場合に必要な設定は、環境変数 PATH に Python の実行ファイルを追加することです。環境設定が行われているかどうかは、コマンドプロンプト（システムによって、端末、ターミナル、Windows PowerShell など）で「Python」を入力してみて、第 1 章のように Python を起動してみるとわかります。Python のインタープリタが起動しない場合は環境変数 PATH に Python の実行ファイルがあるパスを指定してください。

また、必要に応じて Python のスクリプト（.py）ファイルを保存するための作業ディレクトリを作成してください。

なお、プログラミングではファイルの拡張子（ファイル名の最後の . より後ろの文字列）が重要な意味を持つので、Windows のようなデフォルトではファイル拡張子が表示されないシステムの場合、ファイルの拡張子が表示されるようにシステムを設定してください。

Eclipse や Visual Studio Code のような統合開発環境（IDE）あるいは高機能エディタで Python のプログラムを作って実行することもできます。IDE で Python の開発環境を構築することについては本書の範囲を超えるので、他のリソースを参照してください。

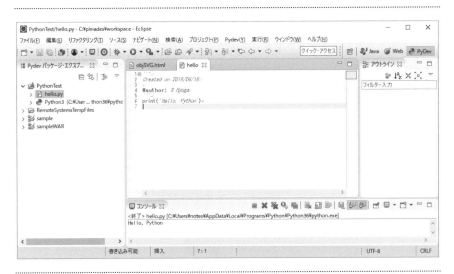

図10.41 EclipseでPythonのプログラミングを行っている例

付録B　トラブルシューティング

ここでは、よくあるトラブルとその対策を概説します。

B.1　Python の起動

Python を起動するために発生することがあるトラブルとその対策は次の通りです。

Python が起動しない

- システムに Python をインストールする必要があります。python の代わりに環境に応じて、python3、python3.6、bpython、bpython3 などをインストールしてもかまいません。
- 最も一般的なコマンドの名前はすべて小文字の python です。しかし、コマンドの名前は、python 以外に、py、python3、python3.7、bpython、bpython3 などである場合があります。
- Python が存在するディレクトリ（フォルダ）にパスが通っていないと Python が起動しません。パスを通すという意味は、環境変数 PATH に Python の実行可能ファイルがあるディレクトリが含まれているということです（Windows のインストーラーでインストールした場合は正しく設定されているはずです）。

Python が起動するかどうかは、Python のコマンド名に引数 -V を付けて実行し、バージョンが表示されるかどうかで調べることができます。

```
$ python3 -V
Python 3.6.5
```

Python がないと報告される

- Python の最も一般的なコマンドの名前はすべて小文字の python です。しかし、コマンドの名前は、python 以外に、py、python3、python3.7、bpython、bpython3 などである場合があります。

GUI（グラフィックス）アプリを作れない

- 本書ではグラフィックスの基礎として tkinter モジュールや pygame モジュールを使っているために、Tk をサポートした Python のバージョンと pygame のインストールが必要です（必要に応じて python-tk/python3-tk パッケージをインストールする必要があります）。

tkinter が使えるかどうかは、Python のインタープリタで「import tkinter」を実行してみるとわかります。

pip が古いというメッセージが表示される

- 「python -m pip install --upgrade pip」を実行して pip をアップグレードしてください。

B.2 Python 実行時のトラブル

Python を起動したあとや、Python でスクリプトファイル（.py ファイル）を実行する際に発生することがあるトラブルとその対策は次の通りです。

■ 認識できないコードページであるという次のようなメッセージが表示される

「Fatal Python error: Py_Initialize: can't initialize sys standard streams
　LookupError: unknown encoding: cp65001

This application has requested the Runtime to terminate it in an unusual way.
Please contact the application's support team for more information.」

- Windows のコマンドプロンプトの場合、コードページ 65001 の UTF-8 か、コードページ 932 のシフト JIS に設定されているでしょう。chcp コマンドを使ってコードページを変更してください。コードページを 932 に変更するには、OS のコマンドプロンプトに対して「chcp 932」と入力します。
- Windows の種類によっては、コードページが 932 の cmd.exe（C:¥Windows¥System32¥cmd.exe）のコマンドプロンプトから実行すると、この問題を解決できる場合があります。

■「No module named xxx」が表示される

- Python のバージョンをより新しいバージョンに更新してください。
- 環境変数 PATH に Python の実行ファイルとスクリプトがあるパス（PythonXY; PythonXY/Scripts など）を追加してください。
- 環境変数 PYTHONPATH にモジュール（PythonXY; PythonXY/Scripts; PythonXY/Lib; PythonXY/lib-tk など）がある場所を追加して、モジュールにアクセスできるようにしてください。
- 「No module named turtle」（turtle モジュールが見つからない）というメッセージが表示された場合は、turtle モジュールが検索できないか、インストールされていません。

turtle.py にアクセスできるようにするか、あるいは、サポートしているバージョンの Python をインストールしてください。バージョン 3.0 以前の Python では、tkinter に含まれるモジュールの場所と名前が本書の記述と異なることがあるので、可能な限り最新の Python をインストールすることをお勧めします。

- 「No module named tkinter」が表示される場合は、Tk モジュールが検索できないか、インストールされていません。tkinter.py にアクセスできるようにするか、あるいは、Tk サポートしているバージョンの Python をインストールしてください。バージョン 3.0 以前の Python では、tkinter に含まれるモジュールの場所と名前が本書の記述と異なることがあるので、可能な限り最新の Python をインストールすることをお勧めします。
- 見つからないと報告されているモジュールを、実行するプログラム（スクリプト）と同じフォルダ（ディレクトリ）にコピーしてください。
- 大文字/小文字を実際のファイル名と一致させてください。たとえば、tkinter を Tkinter にします。

「IndentationError: unexpected indent」が表示される

- インデントが正しくないとこのメッセージが表示されます。

（C/C++ や Java など多くの他のプログラミング言語とは違って）Python ではインデントが意味を持ちます。前の文より右にインデントした文は、前の文の内側に入ることを意味します。

単純に式や関数などを実行するときにその式や関数名の前に空白を入れると、インデントされているものと解釈されて、エラーになります。

- インデントすべきでない最初の行の先頭に空白を入れると、このメッセージが表示されます。

「SyntaxError」が表示される

- プログラムコード（文）に何らかの間違いがあります。コードをよく見て正しいコードに修正してください。
- Python 3 では関数呼び出しの引数を丸括弧で囲みますが、Python 2 では囲みません。た

とえば、Python 3 では「`print (x)`」、Python 2 では「`print x`」です。
- エラーが報告された行の 1 行前のコードが間違っているために、次の行のシンタックスエラーとして報告されることがあります。前の行に間違いがないかチェックしてください。

「NameError: name 'xxx' is not defined」が表示される

- 定義していない名前 xxx を使っています。タイプミスがないか調べてください。

インポートするべきモジュールを読み込んでないときにもこのエラーが表示されます。たとえば、sqlite3 をインポートしていないのに使おうとすると、「NameError: name 'sqlite3' is not defined」が表示されます。

「AttributeError: 'xxx' object has no attribute 'yyy'」が表示される

- xxx というオブジェクトの属性（またはメソッド）yyy が存在しません。名前を間違えていないか、あるいはタイプミスがないか調べてください。

「(null): can't open file 'xxx.py': [Errno 2] No such file or directory」が表示される

- Python のスクリプトファイル *xxx*.py がないか、別のフォルダ（ディレクトリ）にあります。OS の cd コマンドを使ってカレントディレクトリを Python のスクリプトファイル *xxx*.py がある場所に移動するか、あるいは、ファイル名の前にスクリプトファイルのパスを指定してください。

「SyntaxError: Missing parentheses in call to 'xxx'.」が表示される

- Python 3.0 以降は、関数の呼び出しに丸括弧が必要です。たとえば、「`print('Hello')`」とする必要があります。Python 2 では「`print 'Hello'`」で動作しましたが、これは古い書き方であり、Python 3.0 以降では使えません。古い書籍や資料、Web サイト、サンプルプログラムなどを参考にする場合には対象としている Python のバージョンに注意する必要があります。

音が鳴らない

- スピーカーなど接続、サウンドの設定などに問題がないか、他のアプリなどを使って確認してください。
- SoundBlasterなどのサウンドカードを使っている場合、ドライバのサポート状況などによって音が鳴らないことがあります。サウンドカードを取り外して標準のサウンドで試してみてください。

本書の記述通りにコードを打ち込んだがエラーになる。

- 例として掲載した断片的なコードをやみくもに入力しても動作しません。たとえば、あるコードを実行するためには、モジュールをインポートしたり、読み込むファイルを準備したりする必要があります。必ずそれまでの説明を良く理解してから、必要な準備を行ったうえでコードを実行してください。

付録C 練習問題解答例

　ここに示すプログラムの解答例はあくまでも 1 つの例です。プログラムの書き方にはいろいろな可能性があります。ここに掲載したものと異なっていても、要求されたことを満足して問題なく動作すれば正解です。

　なお、第 5 章以降の解答プログラムは GUI を使うプログラムなので、とても長くなるためリストの掲載は省略しヒントを示すにとどめます（模範解答は示しません）。練習問題 10.3 を除いて、各問題は本文の説明をよく理解すればできるようになっています（練習問題 10.3 は少し難問です）。

■練習問題 1.1

```
>>> (2.3*3.1+6.6) / 1.5
9.153333333333334
```

■練習問題 1.2

```
>>> print('こんばんは、今日は月曜日です。')
こんばんは、今日は月曜日です。
```

■練習問題 1.3

```
# mul.py
a = float( input('値1? ') )
b = float( input('値2? ') )
print('a×b= ', a*b)
```

■練習問題 2.1

```
# a2_1.py
# -*- coding:UTF-8 -*-
```

```python
import random

x = input('あなたの手は? > ')
print('あなたの手は ', x, ' です。')
y = random.randint(1, 3)

# コンピュータの手を表示する
if (y == 1) :
    print('私はグーです。')
elif (y == 2) :
    print('私はチョキです。')
elif (y == 3) :
    print('私はパーです。')

# y=1はコンピュータがグー
if (y == 1 and x== 'グー') :
    print('ひきわけです。')

if (y == 1 and x== 'チョキ') :
    print('あなたの負けです。')

if (y == 1 and x== 'パー') :
    print('あなたの勝ちです。')

# y=2はコンピュータがチョキ
if (y == 2 and x== 'グー') :
    print('あなたの勝ちです。')

if (y == 2 and x== 'チョキ') :
    print('ひきわけです。')

if (y == 2 and x== 'パー') :
    print('あなたの負けです。')

# y=3はコンピュータがパー
if (y == 3 and x== 'グー') :
    print('あなたの負けです。')

if (y == 3 and x== 'チョキ') :
    print('あなたの勝ちです。')

if (y == 3 and x== 'パー') :
```

```
    print('ひきわけです。')
```

■練習問題 2.2

```python
# a2_2.py
# -*- coding:UTF-8 -*-
import random

x = input('あなたの手は？ （グー=g、チョキ=c、パー=p） > ')
# コンピュータの手を表示する
s = 'グーです。'

if (x == 'c') :
    s = 'チョキです。'

if (x == 'p') :
    s = 'パーです。'

print('あなたの手は ' + s)

y = random.randint(1, 3)
if (y==1) :
    y = 'g'
elif (y==2):
    y = 'c'
elif (y==3):
    y = 'p'

# コンピュータの手を表示する
if (y == 'g') :
    print('私はグーです。')

if (y == 'c') :
    print('私はチョキです。')

if (y == 'p') :
    print('私はパーです。')

if (y == x) :
    print('ひきわけです。')
    quit( )
```

```
    # y=1はコンピュータがグー
    if (y == 'g' and x == 'c') :
        print('あなたの負けです。')

    if (y == 'g' and x == 'p') :
        print('あなたの勝ちです。')

    # y=2はコンピュータがチョキ
    if (y == 'c' and x == 'g') :
        print('あなたの勝ちです。')

    if (y == 'c' and x == 'p') :
        print('あなたの負けです。')

    # y=3はコンピュータがパー
    if (y == 'p' and x == 'g') :
        print('あなたの負けです。')

    if (y == 'g' and x == 'c') :
        print('あなたの勝ちです。')
```

■練習問題 2.3

```
# a2_3.py
# -*- coding:UTF-8 -*-
import random

def game( ) :
    x = input('あなたの手は？（グー=1、チョキ=2、パー=3、終わり=0）> ')
    x = int(x)      # 整数に変換する

    if (x<0 or x>3) :    # 入力エラーのチェック
        print('0～3の整数を入力してください。')
        return x

    if (x == 0) :   # 終了のチェック
        return 0

    # コンピュータの手を表示する
    s = 'グーです。'

    if (x == 2) :
```

```
        s = 'チョキです。'

if (x == 3) :
    s = 'パーです。'

print('あなたの手は ' + s)

y = random.randint(1, 3)

# コンピュータの手を表示する
if (y == 1) :
    print('私はグーです。')

if (y == 2) :
    print('私はチョキです。')

if (y == 3) :
    print('私はパーです。')

if (y == x) :
    print('ひきわけです。')
    return x

# y=1はコンピュータがグー
if (y == 1 and x == 2) :
    print('あなたの負けです。')

if (y == 1 and x == 3) :
    print('あなたの勝ちです。')

# y=2はコンピュータがチョキ
if (y == 2 and x == 1) :
    print('あなたの勝ちです。')

if (y == 2 and x == 3) :
    print('あなたの負けです。')

# y=3はコンピュータがパー
if (y == 3 and x == 1) :
    print('あなたの負けです。')

if (y == 3 and x == 2) :
```

```
            print('あなたの勝ちです。')

        return x

fLoop = 99
count = 0

while (fLoop != 0) :
    fLoop = game( )
    count = count + 1
    if (count==10) :
        break

quit( )
```

■練習問題 3.1

```
    :
# メインループ
for i in range(30):    # 30回繰り返す
    point = trytype(i, point)

print('正解率は : ' + str(point * 100.0 / 30.0) + '%')
```

■練習問題 3.2

```
# a3_2.py
# -*- coding:UTF-8 -*-
import random

def trytype(i, n) :
    while (True) :
        c = random.randint(int('0x30', 16), int('0x7a', 16))
        c= chr(c)
        if c>='a' and c <= 'z' :
            break

        if c>='A' and c <= 'Z' :
            break

        if c>='0' and c <= '9' :
            break
```

```
        print(str(i) + '回目の文字 : ' + c)
        x = input('タイプ==> ')

        if (c == x) :
            print('正解')
            n = n + 1

        return n

point = 0

# メインループ
for i in range(10):   # 10回繰り返す
    point = trytype(i, point)

print('正解率は : ' + str(point * 10.0) + '%')
```

■練習問題 3.3

```
# a3_3.py
# -*- coding:UTF-8 -*-
import random
import time

def trytype(i, n) :
    while (True) :
        c = random.randint(int('0x41', 16), int('0x7a', 16))
        c= chr(c)
        if c>='a' and c <= 'z' :
            break

        if c>='A' and c <= 'Z' :
            break

    print(str(i) + '回目の文字 : ' + c)
    x = input('タイプ==> ')

    if (c == x) :
        print('正解')
        n = n + 1
    else :
```

```
        print('エラー！！！')

    return n

point = 0
i = 0
start = time.time( )

# メインループ
while (True) :
    if (time.time( ) - start > 20) :
        break
    i = i + 1
    point = trytype(i, point)

print('出題数は : ' + str(i) )
print('正解数は : ' + str(point) )
print('正解率は : ' + str(point / i * 100.0) + '%')
```

■練習問題 4.1

基準音をラ（A3）に変更してください。

```
# a4_1.py
# -*- coding:UTF-8 -*-
import platform
import random
from time import sleep  # sleep( ) 呼び出し用

if platform.system( ) == 'Windows' :
    import winsound
else :
    import os

freq = (260, 294, 330, 349, 392, 440, 494, 523)
note = ('ド','レ','ミ','ファ','ソ','ラ','シ','ド')
notee = ('C3','D3','E3','F3','G3','A3','B3','C4')

def playnote(n) :
    if platform.system( ) == 'Windows' :
        winsound.Beep(freq[n], 1000)
    else :
```

```
            os.system('play -n synth 1 sin %s > /dev/null 2>&1' % (freq[n]))

def play(i, n) :

    c = 0
    x = '99'

    while (True) :

        print('基準となるラ(A3)を鳴らします。')
        playnote(5)

        sleep(0.5)    # 0.5秒待つ

        # 出題する
        if x.upper( ) != 'R' :
            c = random.randint(0, 7)
        playnote(c)

        x = input('鳴った音は？（ド=C3,レ=D3,ミ=E3...ド=C4、再聴=r) ==> ')
        if x.upper( ) != 'R' :
            if (note[c] == x or x.upper( ) == notee[c]):
                print('正解')
                n = n + 1
            else :
                print('間違い:正解は', note[c])

            break

    return n

point = 0
random.seed( )

# メインループ
for i in range(10):    # 10回繰り返す
    point = play(i, point)

print('正解率は : ' + str(point * 10.0) + '%')
```

■練習問題 4.2

```python
# a4_2.py
# -*- coding:UTF-8 -*-
import platform
import random
from time import sleep   # sleep( ) 呼び出し用

if platform.system( ) == 'Windows' :
    import winsound
else :
    import os

freq = (260, 294, 330, 349, 392, 440, 494, 523, 587, 659, 698, 784, 880, 988,
                                                                         1047)

note = ('C3','D3','E3','F3','G3','A3','B3','C4','D4','E4','F4','G4','A4','B4',
                                                                         'C5')

def playnote(n) :
    if platform.system( ) == 'Windows' :
        winsound.Beep(freq[n], 1000)
    else :
        os.system('play -n synth 1 sin %s > /dev/null 2>&1' % (freq[n]))

def play(i, n) :

    c = 0
    x = '99'

    while (True) :

        print('基準となるラ(A3)を鳴らします。')
        playnote(5)

        sleep(0.5)    # 0.5秒待つ

        # 出題する
        if x.upper( ) != 'R' :
            c = random.randint(0, 14)
        playnote(c)
```

```
            x = input('鳴った音は？（ド=C3,レ=D3,ミ=E3...ド=C4、再聴=r) ==> ')
            if x.upper( ) != 'R' :
                if (x.upper( ) == note[c]):
                    print('正解')
                    n = n + 1
                else :
                    print('間違い:正解は', note[c])

                break

    return n

point = 0
random.seed( )

# メインループ
for i in range(10):    # 10回繰り返す
    point = play(i, point)

print('正解率は : ' + str(point * 10.0) + '%')
```

■練習問題 4.3

```
# a4_3.py
# -*- coding:UTF-8 -*-
import platform
import random
from time import sleep    # sleep( ) 呼び出し用

if platform.system( ) == 'Windows' :
    import winsound
else :
    import os

freq = (260, 294, 330, 349, 392, 440, 494, 523, 587, 659, 698, 784, 880, 988,
                                                                          1047)
note = ('C3','D3','E3','F3','G3','A3','B3','C4','D4','E4','F4','G4','A4','B4',
                                                                          'C5')
prevc = 99

def playnote(n) :
    if platform.system( ) == 'Windows' :
```

```
            winsound.Beep(freq[n], 1000)
    else :
        os.system('play -n synth 1 sin %s > /dev/null 2>&1' % (freq[n]))

def play(i, n) :

    global prevc
    c = 0
    x = '99'

    while (True) :

        print('基準となるド(C4)を鳴らします。')
        playnote(7)

        sleep(0.5)    # 0.5秒待つ

        # 出題する
        if x.upper( ) != 'R' :
            while (True):
                c = random.randint(0, 14)
                if c != prevc :
                    prevc = c
                    break;

        playnote(c)

        x = input('鳴った音は？（ド=C3,レ=D3,ミ=E3...ド=C4、再聴=r) ==> ')
        if x.upper( ) != 'R' :
            if (x.upper( ) == note[c]):
                print('正解:', note[c])
                n = n + 1
            else :
                print('間違い:正解は', note[c])

            prevc = c
            break

    return n

point = 0
random.seed( )
```

```
# メインループ
for i in range(10):    # 10回繰り返す
    point = play(i, point)

print('正解率は : ' + str(point * 10.0) + '%')
```

■練習問題 5.1

ヒント：quiz0.pyw の問題文と解答を変更するには、次のコードを変更します。

```
data = ("止まれの信号は？","青","黄色","赤","白",2)
```

■練習問題 5.2

ヒント：quiz.pyw の問題文を増やすときには、tuple の Tuple である data にデータを追加します。

■練習問題 5.3

ヒント：[スタート] ボタンをクリックしてからゲームオーバーになるまでの時間を計るには、第 3 章の 3.3 節「ゲームの改良」の「かかった時間の測定」を参考にしてコードを追加します。最後に表示するときには、次のコード行を変更します。

```
self.StatusLabel.configure(text="ゲームオーバー：ポイント="+str(point))
```

■練習問題 6.1

ヒント：描く円や描く線の色を変えるには、Color を指定している部分のタプルで表された色の値を変更します。

■練習問題 6.2

ヒント：movecircle で円の大きさを変えるには変数 r2 の値を変えます。線を描く 2 つのプログラムの線の太さを変えるには変数 wh の値を変えます。必要に応じて他の部分も変更してください。

付録

■練習問題 6.3

ヒント：runner で得点を表示するには、ゲームオーバーになるまでの繰り返しの回数をカウントして、ゲームオーバーになったらそのカウント値を表示します。

■練習問題 7.1

ヒント：再生するサウンドを変えるには、再生するサウンドファイルを用意して、プログラムの中のファイル名を変更します。

■練習問題 7.2

ヒント：サウンドのボリュームを下げるには、pygame.mixer.music.set_volume() か Sound.set_volume() で引数に 1.0 以下の値を指定します。

■練習問題 7.3

ヒント：pygame.mixer.Sound で再生しているサウンドを pygame.mixer.music で再生するように、pygame.mixer.music で再生しているサウンドを pygame.mixer.Sound で再生するようにコードを変更してください。

■練習問題 8.1

ヒント：ボールとラケットの色を変更するには、(r,g,b) で指定している色を変更します。ボールの半径は変数 ballr の値を、ラケットの幅は変数 rcktw の値を変更することで変えることができます。

■練習問題 8.2

ヒント：メインループの繰り返しの中で dx と dy の値を大きくします。ただし、繰り返しごとに大きくするとボールの速度が急激に速くなってしまうので、たとえば、5 回繰り返したらインクリメントするといったように、速度が速くなる程度を調整します。

■練習問題 8.3

ヒント：ボールの中心とラケットの端部の距離を計算して、それがボールの半径以下になったらラケットに当たったとみなすようにするとよいでしょう。ボールの中心とラケットの端部の距離は、一般的な二点間 (x_1, y_1) と (x_2, y_2) の距離を求める次の式で計算できます。

$$\sqrt{(x_1 - x_2)^2 + (y_1 - y_2)^2}$$

■練習問題 9.1

ヒント：同じ大きさのイメージを用意してpygame.image.load( )でイメージをロードします。

■練習問題 9.2

ヒント：state が 1 に変わるときにサウンドを鳴らし（play()）、state が 2 に変わるときにサウンドを停止（stop()）します。

■練習問題 9.3

ヒント：それぞれのリールに表示する絵の番号（reelpos[i] に保存する番号）を増やす機会を、ループごと必ず増やすのではなく、たとえば乱数を使ってループの 2 回に 1 回、とか、3 回に 1 回などにします。

■練習問題 10.1

drawmisc で図形の色を変更するには、pygame.draw.circle( ) の 2 番目の RGB を指定するリストの値を変更します。

■練習問題 10.2

マルバツゲームにゲームオーバーを判定するには、compute( ) のコードを参考にして、縦、横、斜めのいずれかでマルかバツが並んでいるか調べる関数を作ります。

■練習問題 10.3

マルバツゲームでコンピュータを強くするには、コラムで示したような重みを計算して次の手を打つようにしたり、ゲーマーの次の手や次の次の手を想定して重みを判断するようにするとよいでしょう（この問題はとても高度です）。

付録D 参考リソース

ここには役立つPythonのサイトや書籍を掲載します。

■Pythonのサイト

https://www.python.org/

■Pythonに関する完全な解説

https://docs.python.jp/3/

■日本Pythonユーザー会のWebサイト

http://www.python.jp/

■Pythonの入門書

やさしいPython入門（第2版）、日向俊二著、カットシステム、ISBN978-4-87783-443-2

■tkinter

https://docs.python.org/ja/3/library/tkinter.html

■pygame

http://pygame.org/

■pygameのドキュメント

http://pygame.org/docs/
http://westplain.sakuraweb.com/translate/pygame （日本語訳）

索引

■ 記号

"	9
#	15
$	5
'	9
>	5
>>>	4
__init__()	82

■ A

and	27
arc()	147
AttributeError	213

■ B

BGM	140
BMI	86
break()	53

■ C

can't open file	213
chr()	48
circle()	118
CUI アプリ	80

■ D

def	35
delay()	111
Do ... while ループ	53

■ E

elif	27
ellipse()	146
else	27

■ F

float()	16
for	41
format()	56
from	69

■ G

get_at()	127
grid レイアウト	89
GUI アプリ	80

■ I

IDE	208
if	25
import	23
IndentationError	212
input()	14
int()	16

■ L

line()	148
load()	166

■ M

Missing parentheses	213

music モジュール ... 135

N
NameError ... 213
No module ... 211

P
PATH ... 208
platform モジュール ... 64
play コマンド ... 63
play() ... 134
polygon() ... 149
print() ... 8
pygame モジュール ... 106
Python ... 2
Python を終了する ... 7

Q
quit() ... 7

R
randint() ... 24
random モジュール ... 23
range() ... 42
rect() ... 124
render() ... 150
return ... 35
RGB ... 110

S
seed() ... 24
set_mode() ... 109
sleep() ... 69
Sound モジュール ... 132
stop() ... 134

surface ... 115
SyntaxError ... 212, 213
SysFont() ... 128, 149
system() ... 64

T
time モジュール ... 56
time() ... 56
title() ... 83
tkinter モジュール ... 82

U
update() ... 157

W
while ... 35
winsound モジュール ... 62

あ
一時停止 ... 69
一次プロンプト ... 4
イベント ... 80
イメージの表示 ... 166
インストール ... 204
インタープリタ ... 5
インタラクティブシェル ... 5
インポート ... 23
ウィジェット ... 86
　　　配置 ... 88
ウィンドウタイトル ... 83
ウィンドウの作成 ... 82, 108
ウェイト ... 202
エラー処理 ... 36
円 ... 118
円弧 ... 147
エンコーディング ... 18

索 引

親クラス 83
音高 66
音を鳴らす 62
重み 202
音階 68

■ か
拡張子 13, 208
画面の設定 109
環境変数 208
関数 35
矩形 124
クライアント領域 127
繰り返し 34, 41
クローズボタン 85
コメント 15

■ さ
サーフェス 115
再生 134
座標 115
時間の測定 56
実行環境の確認 64
実行にかかる時間 59
実数 16
周波数 66
衝突の判定 158
スーパークラス 83
スクリプトの実行 12
スクリプトファイル 10
図形 146
ストリーミング再生 135
スロットマシン 171
制御コード 47
整数 16
線 148

■ た
待機 111
楕円 146
多角形 149
注釈 15
手 185
ディレクトリ 14
点の色 127
統合開発環境 208
トラブル 209

■ な
日本語 18
入力 14

■ は
盤 185
比較 25
表示 8
表示の更新 156
フォント 128
浮動小数点数 16
プロンプト 5
ポリゴン 149

■ ま
マウスクリック 182
メッセージループ 81
文字コード 46
文字列 149

■ ら
乱数 23

233

■ 著者プロフィール

日向 俊二（ひゅうが・しゅんじ）
フリーのソフトウェアエンジニア・ライター。
前世紀の中ごろにこの世に出現し、FORTRAN や C、BASIC でプログラミングを始め、その後、主にプログラミング言語とプログラミング分野での著作、翻訳、監修などを精力的に行う。
わかりやすい解説が好評で、現在までに、C#、C/C++、Java、Visual Basic、XML、アセンブラ、コンピュータサイエンス、暗号などに関する著書・訳書多数。

ゲーム作りで学ぶ Python
作って動かして遊びながら学ぶプログラミング

2019 年 8 月 28 日　　　初版第 1 刷発行

著　者	日向 俊二
発行人	石塚 勝敏
発　行	株式会社 カットシステム
	〒 169-0073 東京都新宿区百人町 4-9-7　新宿ユーエストビル 8F
	TEL （03）5348-3850　　　FAX （03）5348-3851
	URL　http://www.cutt.co.jp/
	振替　00130-6-17174
印　刷	シナノ書籍印刷 株式会社

本書に関するご意見、ご質問は小社出版部宛まで文書か、sales@cutt.co.jp 宛に e-mail でお送りください。電話によるお問い合わせはご遠慮ください。また、本書の内容を超えるご質問にはお答えできませんので、あらかじめご了承ください。

■ 本書の内容の一部あるいは全部を無断で複写複製（コピー・電子入力）することは、法律で認められた場合を除き、著作者および出版者の権利の侵害になりますので、その場合はあらかじめ小社あてに許諾をお求めください。

Cover design　Y.Yamaguchi　　　© 2019 日向俊二
Printed in Japan　ISBN978-4-87783-457-9